柳恩铭 著

下卷

广州新华出版发行集团
广州出版社

# 目录

001 学而第一
031 为政第二
065 八佾第三
103 里仁第四
135 公冶长第五
173 雍也第六
217 述而第七
265 泰伯第八
301 子罕第九
343 乡党第十
377 先进第十一

413 颜渊第十二
443 子路第十三
487 宪问第十四
541 卫灵公第十五
593 季氏第十六
611 阳货第十七
645 微子第十八
661 子张第十九
693 尧曰第二十
703 参考书目
705 后记

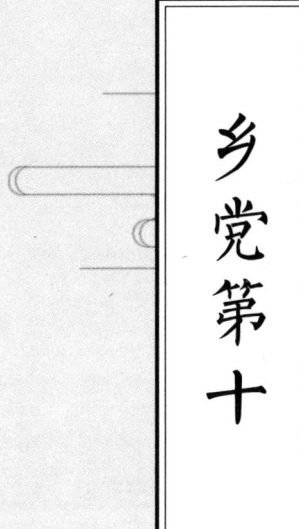

乡党第十

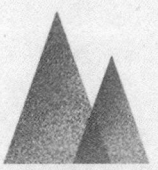

## 10.1　儒者风度

> 孔子于乡党,恂恂①如也,似不能言者。其在宗庙朝廷,便便②言,唯谨尔。

孔子在家乡很温和恭敬,像个不善于辞令的人。他在宗庙里、朝廷上,却能很流畅明白且严谨地说话。

在本乡、本土,面对乡亲,温和恭顺,是传统。在宗庙、朝廷,谨慎持重,静观默察,是境界。儒者风度源于心中的慈悲,源于心中的慈爱,源于心中的博爱,源于心中的包容,源于心中的仁厚;由此,在待人接物的态度上自然没有暴戾之气,没有盛气凌人,没有颐指气使,没有心不在焉,有的只是生命的温度和谦和的态度。

生活中,我常常选择沉默;工作中,我常常选择倾听;学术上,我常常选择执着。这种处世态度,有《论语》的影响。

---

①恂(xún)恂:温和谦恭有礼。②便(pián)便:善于辞令。

## 10.2　言语之礼

> 朝，与下大夫言，侃侃①如也；与上大夫言，訚訚②如也。君在，踧踖③如也，与与④如也。

<u>孔子上朝，同下大夫说话，平和而自信；同上大夫说话，正直而诚恳；国君来了，恭敬而谨慎。</u>

礼是"起于仁、发乎诚"的行为规范，属儒家重要的道德范畴，也是德治的核心路径。鲁迅等所攻击的"吃人礼教"，并非原生态儒学所提倡的礼教。孔子尊重周礼，维护的不是等级制度，而是社会的秩序，证据就是孔子虽然曾经贵为大夫，但是与人交往，却始终平和、诚恳、恭敬、谨慎。孔子几乎尊重一切人，并无后世官场上过分的媚上欺下的丑态。

礼治介乎人治与法治之间，是儒家中庸思想在社会治理中的管理方式。东西方礼仪形式不同，但本质都是对人的尊重。比如横过马路，行人优先，有没有斑马线，西方人都习惯这么做，已约定俗成，这其实就是西方的"礼"。中国现代社会治理需要传承古代礼治的优秀传统，也需要借鉴西方礼治的先进经验。

---

①侃侃：平和而自信的样子。②訚（yín）訚：正直而诚恳的样子。③踧（cù）踖（jí）：恭敬而不安的样子。④与与：谨慎、威仪适中的样子。

## 10.3 待客之道

> 君召使摈①,色勃如也②,足躩③如也。揖所与立,左右手,衣前后,襜④如也。趋进,翼如也⑤。宾退,必复命曰:"宾不顾矣。"

国君召孔子接待外国宾客,孔子神色立即庄重起来,脚步也快起来。他向和他站在一起的人作揖,手向左边或向右边分别作揖,衣服前后摆动却整齐不乱。快步走的时候,像鸟儿展开双翅一样。宾客走后,必定向君主回报说:"客人已不再回头了。"

能同时兼顾国君、同僚、外宾,表达对所有人的尊重,这就是儒家之礼。孔子礼送宾客,必定要等客人远走,不再回头,方才报告国君。如今情侣相送,可能有十八里长亭的缠绵;下级送上级,或许有无可奈何的等待与忍耐;普通人送客,大概人未走远,门便已关。

20世纪50年代,刘亚楼、罗瑞卿等高级将领陪同周恩来送西哈努克亲王,飞机起飞之际,将军们便觉得解脱了,迅速离开准备去看一场足球赛。周恩来满面春风地等待飞机升空,发现将军们已经离开后,便让秘书前去将他们叫回。待目送专机起飞、绕场一周并完成振翅告别礼仪

---

①摈(bìn):动词,接待宾客。②色勃如也:神情立即端庄起来。③躩(jué):脚步稳健轻快的样子。④襜(chān):整齐之貌。⑤翼如也:如鸟儿展翅一样。

后，周恩来给将军们讲了15分钟的外交礼节，并让他们牢牢记住外交场合不能失掉礼节，然后陪大家一起去看了足球赛。①周恩来能够赢得世界的尊重，很大程度上归功于儒家礼的精神传承。

感悟

01

02

03

---

① 据中国共产党新闻网，http://cpc.people.com.cn/GB/85037/8203118.html，《周恩来鲜为人知的严厉一面》。

## 10.4 人臣之礼

> 入公门，鞠躬①如也，如不容。立不中门，行不履阈②。过位，色勃如也，足躩如也，其言似不足者。摄齐③升堂，鞠躬如也，屏气似不息者。出，降一等④，逞⑤颜色，怡怡如也。没阶⑥，趋进，翼如也。复其位，踧踖如也。

孔子走进宫廷大门，恭敬持重得仿佛无容身之地一样谨慎。不站立在门中，不踩踏门槛。经过国君座位时，神情立刻庄重，脚步立刻加快，说话压低声音仿佛中气不足。提起衣服下摆向堂上走的时候，恭敬持重，气息匀细。退出来，走下台阶，神情舒展怡然。走完台阶，快步向前，如鸟展翅。回到位置，仍保持恭敬的状态。

许多人觉得这些繁文缛节，没有时代意义。我2002年去台湾，一出飞机场，看到偌大的台北，华灯初上，车水马龙，但城市氛围十分平和静谧，除了汽车驶过的沙沙声，很少有别的声音。在酒店吃饭，无论是数十人的大厅，还是上百人的大厅，鲜有喧哗者，偶有高谈阔论者，十之八九是大陆访客。礼仪之邦，不知礼、不重礼、不讲礼，源自对传统

---

①鞠躬：恭敬持重。②阈（yù）：门槛。本句意为脚不能踩门槛。③摄齐（zī）：提起衣服的下摆。摄，提起。齐，衣服的下摆。④降一等：从台阶上往下走一级。⑤逞：舒展开，松口气。⑥没（mò）阶：走完台阶。

的反叛和践踏。对长者、长官尊敬而仪态庄重，对后生、下级温厚而仪态平和，这种分寸，应该是东西方文化都认同的吧。礼仪需要创新，在东西方礼仪中寻求中道，创造一种兼容东西方文化精神的新礼仪，值得期待！

**感悟**

01

02

03

## 10.5　外交礼仪

> 执圭①，鞠躬如也，如不胜。上如揖，下如授。勃如战色②，足蹜蹜③，如有循④。享礼⑤，有容色。私觌⑥，愉愉如也。

（孔子出使别的诸侯国，举行典礼时）拿着圭，恭敬谨慎，好像举不起来一样。向上举好像在作揖，往下放时仿佛在递东西。神色庄重，战战兢兢，小步快走，仿佛沿着预定线路走。献礼时，和颜悦色，与国君私下会见时，轻松愉快。

孔子在外交场合的礼仪，并不迂腐，而是规范有度：手执圭，恭敬谨慎。向上举起，如同作揖一般郑重；往下放落，如同递交一般慎重。神色庄重，小步快走，不逾规矩。私下会见国君，神态轻松愉快。礼仪的过程是对人尊重的过程，是对人和事表态的过程，严谨的背后是尊重、郑重、持重、隆重，国事之礼，理当如是。如今，东西方的交往礼仪，莫不如此。伟大的传统必有深远的智慧，优秀的传统礼仪是建构当代礼仪的基础。学习孔子的外交礼仪，目的不在模仿，而在创新！

---

①圭：一种上圆下方的玉器，举行典礼时，君臣都拿着，且不同身份的人拿不同规格的圭。②战色：战战兢兢。③蹜（sù）蹜：小步快走。④如有循：好像沿着一条直线往前走一样。循，沿着。⑤享礼：指向对方贡献礼物的仪式。使者受到接见后，接着举行献礼仪式。享，献上。⑥觌（dí）：会见。

## 10.6　服饰礼仪

> 君子不以绀緅①饰，红紫不以为亵服②。当暑，袗絺绤③，必表而出之④。缁衣⑤，羔裘⑥；素衣，麑⑦裘；黄衣，狐裘。亵裘长，短右袂⑧。必有寝衣⑨，长一身有半。狐貉之厚以居⑩。去丧，无所不佩。非帷裳⑪，必杀之⑫。羔裘玄冠⑬不以吊。吉月⑭，必朝服而朝。

君子不用深青透红或黑中透红的布镶衣边，不用红色或紫色的布做常服。夏天穿粗的或细的葛布单衣，但里面一定要有衬衣，而且要把衬衣露在外面。黑色的羔羊皮袍，配黑色的罩衣；白色的鹿皮袍，配白色的罩衣；黄色的狐皮袍，配黄色的罩衣。平常在家穿的皮袍做得长一些，右边袖子短一些。睡觉一定穿睡衣，长度过膝。用狐貉的厚毛皮做坐垫。丧服期满，脱下丧服后，便佩戴上各种各样的装饰品。如果不是上朝和祭祀的礼服，一定要加以剪裁，裁去多余的布。不穿着黑色的羔羊皮袍和戴着黑

---

①绀（gàn）：深青透红，斋戒时服装的颜色。緅（zōu）：黑中透红，丧服的颜色。②红紫不以为亵服：古人认为，红紫是代表尊贵的颜色，便服不宜用红紫色。亵（xiè）服，平时在家里穿的衣服。③袗（zhěn）：单衣。絺（chī）：细葛布。绤（xì）：粗葛布。④必表而出之：把葛布单衣穿在外面，里面还要穿着衬衣并把衬衣露出来。⑤缁（zī）衣：黑色衣服。⑥羔裘：羔皮衣。⑦麑（ní）：小鹿。⑧短右袂（mèi）：右袖短一点，做事方便。袂，袖子。⑨寝衣：睡衣。⑩狐貉之厚：厚毛的狐貉皮。居：坐。⑪帷裳：上朝和祭祀时穿的礼服，用整幅布制作，不裁剪，只折叠而缝成。⑫必杀之：一定要裁去多余的布。杀，裁。⑬玄冠：黑色的帽子。⑭吉月：农历每月初一。

色的帽子去吊丧。每月初一，一定要穿着礼服去朝拜君主。

儒学传承重在精神而不在形式。礼是约定俗成的规范，周礼是周代约定俗成的规范，在当时肯定有其存在的依据和理由。以得体合宜的穿着表达对神的尊重、对君的尊重、对人的尊重，但是过于烦琐，所以缺乏延续的生命力。这可能是服饰礼仪传承不多的原因。

现代社会进步，生活节奏加快，服饰礼仪，应当与时俱进，追求简洁、适度、得体。教师的服饰语言应蕴含教育元素，或端庄、或优雅、或浪漫、或简洁、或朴素……无一不起着"此时无声胜有声"的熏陶作用。陈寅恪先生讲授佛学时，往往穿一身黑色的长袍，并以黄布包裹佛教经典著作，走进教室，尚未开讲，已经营造了一种庄重肃穆的氛围，给受教者一种视觉冲击。对于教师来说，服饰是一种语言，是一种符号，是一种载体，能够对学生产生意想不到的教育效果。以服饰定尊卑非原始儒家的主流追求，汉代阴阳家之流才是始作俑者。

## 10.7　净化心灵

> 齐①，必有明衣②，布。齐，必变食③，居必迁坐④。

斋戒，一定要有布做的浴衣。斋戒，一定要改变饮食，一定要另搬住房（不与妻妾同房）。

孔子斋戒，必须沐浴，必须穿布做的浴衣，必须改变喝酒、吃刺激性食物的习性，必须与妻妾分房居住，这是敬畏。斋戒的过程，是人神沟通的过程，是心灵净化的过程，是修炼灵魂的过程。"祭神如神在！"表明孔子对待神明持真诚持重的态度。儒家重视斋戒，重视祭祀，重视祖宗崇拜，目的在于"慎终追远"，唤醒人们对先人的尊重，唤醒生者对生命的敬畏，唤醒人们对人生的珍惜。以宗教追求道德，以宗教塑造人格，这是孔子儒家开创的教育传统。马克斯·韦伯先生说儒家就是宗教，不无道理。

---

①齐（zhāi）：同"斋"。②明衣：斋前沐浴后穿的浴衣。③变食：改变平常的饮食。④居必迁坐：指从内室迁到外室居住，不和妻妾同房。

## 10.8　饮食习惯

> 食不厌精，脍①不厌细。食饐而餲②，鱼馁而肉败③，不食。色恶，不食。臭恶，不食。失饪④，不食。不时⑤，不食。割不正⑥，不食。不得其酱，不食。肉虽多，不使胜食气⑦。惟酒无量，不及乱⑧。沽酒市脯⑨，不食。不撤姜食，不多食。

粮食不嫌舂得精，鱼或肉不嫌切得细。粮食陈旧和变味了，鱼肉腐烂了，不吃。食物颜色变了，不吃。食物气味变了，不吃。烹调不当，不吃。不新鲜的食物，不吃。肉辨不清性质的，不吃。佐料放得不适当，不吃。席上肉虽多，但吃的量不超过米面的量。只有酒没有限制，但不喝醉。从集市上买来的肉干和酒，不吃。每餐必须有姜，但也不多吃。

礼是一种规范，上述内容是孔子在常态下的行为习惯，被弟子们奉为准则，也自然具备礼的价值。以现在科学的眼光看，孔子坚持的是一种健康的饮食习惯和饮食原则。"割不正，不食。"历来争议颇大，我认为这句话的意思是肉的来路不正不吃。孔子的饮食中，肉应当主要是猪肉、鸡肉之类，所以家禽、家畜之外的野味，属于来路不正的肉，当然不吃。如

---

①脍（kuài）：切细的鱼或肉。②饐（yì）：食物腐败发臭。餲（ài）：食物经久而变味。③馁（něi）：鱼腐烂，指鱼不新鲜。败：腐烂，肉不新鲜。④饪：烹调。⑤不时：不应时，不时鲜。⑥割不正：因为切割方法导致无法判断肉的性质和来路。⑦气（xì）：同"饩"，即粮食。⑧乱：酒醉。⑨脯（fǔ）：熟肉干。

果仅仅理解为刀工不好的肉不吃，这与前面的"脍不厌细"显然有冲突，与孔子喜欢吃肉酱的习惯显然相矛盾。有学者指出，这是对孔子晚年生活习惯的记载，因为牙口不好，所以"割不正，不吃"，姑妄言之，姑妄信之。

《论语》每一则，都是孔门弟子及其再传弟子，反复讨论，以"会议纪要"的方式记载下来的，能够经得起讨论和推敲，自然有其独到的价值，这些价值仁者见仁，智者见智，但是我从这里读出2500多年前的饮食卫生教育，至今尚未过时。何其周全，何其前瞻，何其科学！

## 10.9 礼在生活

> 祭于公,不宿肉①,祭肉不出三日。出三日,不食之矣。

孔子参加国君祭祀典礼时分到的肉,不能留到第二天。祭祀用过的肉不超过三天。超过三天,就不吃了。

既是礼,也是习惯,而且是科学的习惯。国君赏赐的祭肉,不吃肯定不符合礼。超过一定的时间,肉变质了,吃,肯定有害健康。儒家有"实用理性"的传统,所以,把这些有益于健康的习惯记录下来,供后人参考和学习,也是儒家礼治精神的生活化。礼在何处?在心中,在生活中,在习惯中,在交往中,在红尘中。"知书"的目的在"达礼",阅读孔子儒家经典,一个重要的追求就在于把礼的精神熔铸于灵魂中,使之成为生命常态,转化为人格魅力。

---

①不宿肉:不使肉过夜。大夫参加国君祭祀以后,可以得到国君赐的祭肉。但祭祀活动一般要持续两三天,超过三天,肉就不能再吃了。

## 10.10 寝食不言

> 食不语，寝不言。

吃东西的时候不说话，睡觉的时候也不说话。

有人认为这一章不属于礼的范畴，而应当属于叙事性质的，是孔子生活习惯的实录。其实，孔子在学生心中是楷模，他的生活习惯往往影响学生，久而久之，就成为学生的习惯。如是，就已经具备礼的价值。"食不语，寝不言"，我小时候接受的就是这样的家庭教育。比较中西方的饮食行为习惯，中国人喜欢吃饭时谈话，享受口福不是主要的目的，目的在于借助"觥筹交错"的氛围，增进情谊，拉近距离，达到谈成事、办成事的目的。西方人吃饭则静悄悄，享受食物的美味。二者比较，我觉得"食不言"更科学，更有益于健康。"寝不语"则既是良好的习惯，也符合科学睡眠的要求，如果睡觉前高谈阔论，必然会导致兴奋，影响睡眠质量。

## 10.11　贵在心诚

> 虽疏食菜羹①，瓜祭②，必齐如也。

即使是吃粗米饭、蔬菜汤，饭前也要取些祭祖，神情要像斋戒一样严肃恭敬。

说儒家不是宗教，是因为儒家没有"彼岸"的设计，不能许诺死后，不能许诺未来，不能许诺来生，但是，儒家提倡"慎终追远"，如此，则"民德归厚矣"。即便粗茶淡饭，也要先祭祀祖先，然后自己再吃，这是"追远"，表达对先祖的怀念和感激，类似于西方有些宗教的饭前祷告，却又不尽相同。儒家十分强调道德体验，在祭祀的行为中缅怀、体验、感悟，以此来净化灵魂，提升道德。

---

①菜羹：菜汤。②瓜祭：吃饭前，把席上各种食品分出少许祭祖。

## 10.12 终身受益

> 席①不正，不坐。

席子放得不端正，不坐。

席不正不坐，不管是迂腐还是讲究，只要能将这种生活礼仪坚持下来，就会养成严谨的生活习惯，迁移到学问和事业上，则必然产生正能量。生活中十分邋遢，但是学术或者事业上很有成就，世界上或许有这种人，但是绝对是少数。

曾经有人问一位诺贝尔奖获得者："您在哪所学校，哪个实验室学到了您认为最有价值的东西？"出人意料的是，这位诺贝尔奖获得者回答说是在幼儿园。"在幼儿园学到什么呢？"诺贝尔奖获得者答："把自己的东西分一半给小伙伴。不是自己的东西不要拿。东西要放整齐，取用的东西要放回原处。饭前要洗手。做错了事要表示歉意。午饭后要休息。要仔细观察大自然。从根本上说我学到的东西就是这些。"这一回答或许令很多人很失望。但是，我却深信不疑。因为生活中的好习惯可以直接迁移到学术上和事业上，俗话说"三岁看老"，好习惯使人终身受益。

---

①席：古人习惯坐在铺于地面的席子上。

## 10.13 尊老传统

> 乡人饮酒①，杖者②出，斯出矣。

与乡亲父老饮酒结束后，老年人先离席，自己才离席。

尊老是中华民族的美德。部落时期，有的民族曾经视老弱为累赘，碰上灾年，老者自觉孤独地走向深林、走向沙漠、走向大海，把"口粮"留给后生，把生存的权利留给后生。在世界其他文明中，均有类似记载。但在中国的文字记载中，我没有发现这种情况。人类从弃老到尊老，是历史的飞跃，是人文精神的飞跃。

现代礼仪，当摒弃官本位，以长者为尊，但是，要做到也不容易：一则官本位文化历史悠久，尊官、媚官的惯性强大；二则许多为官者往往不自觉，非政务场合也喜欢官味，喜欢官派头，甚至喜欢摆官架子。虽然困难，但是从我做起，从小事做起，比如在公交车上主动给老弱病残孕者让座，排队主动让老人先行，吃饭让父母长辈先动筷，这样可以带动社会恢复尊老敬老的优良传统。

---

①乡人饮酒：居乡间与父老饮酒。②杖者：拿拐杖的人，指老年人。

## 10.14 为人敬神

> 乡人傩①,朝服而立于阼阶②。

乡人举行迎神驱鬼仪式时,孔子穿着朝服站在东面的台阶上。

以人为本,以民为本,是孔子儒家最根本的特质。此章读出的不是神本,而是人本。何以见得?首先,孔子至少曾经以司寇摄行相事,贵为大夫,入乡随俗,尊重风俗,尊重民众;其次,乡里人举行迎神驱鬼的宗教仪式,目的在于祈求平安,祈求风调雨顺,祈求延年益寿,这是民生,孔子如此重视,有"敬鬼神"的虔诚。此时此刻,孔子没有选择"远之",因为他重视的是人而不是神。我之所以强烈批评汉代儒学和宋明理学,是因为在人本精神上,他们都严重背叛了原始儒家以人为本的核心价值取向。

---

①傩(nuó):迎神驱鬼的宗教仪式。②阼(zuò)阶:东面的台阶。主人立在东面的台阶欢迎客人。

## 10.15 情礼融合

> 问①人于他邦,再拜而送之②。

(孔子)托人问候异国的朋友,向受托者拜两次送行。

如此郑重其事,有对异国他乡朋友的尊重,有对知己友情的珍惜,有对托付者的重视。这种态度与其说是礼的要求,还不如说是对情的珍重。原始儒家对礼的形式虽然重视,但更重视礼的内容,情礼融合,这种礼才有生命力。后世学者研究儒家礼学,往往忽视了儒家的人本情怀、仁者情怀。唐代边塞诗人岑参的《逢入京使》:"故园东望路漫漫,双袖龙钟泪不干。马上相逢无纸笔,凭君传语报平安。"情景不同,方式不同,但是对感情的珍重、珍惜相同!

---

①问:问候。古人在问候时往往赠送礼物。②再拜而送之:送别客人时,两次拜别。

## 10.16 善待自己

> 康子馈药，拜而受之。曰："丘未达，不敢尝。"

季康子送药，孔子拜谢后接受了。却说："我不了解药性，不敢尝。"

按照周代的礼仪，季康子作为鲁国的重臣，给生病的孔子赐药，孔子拜谢之后，应该当面尝一尝，孔子却选择变通，明确告诉送药者："因为不了解药性，所以不敢尝。"从这里很容易读出如下意味：一是儒家礼仪具有权变的精神，孟子"嫂溺，援之以手"是权变的经典，这种权变精神增强了儒学的包容性，促进了儒学的发展，是儒学的生命力所在，是儒学的创新力所在；二是儒家礼仪服从于真诚，孔子没有当面尝药，但是当面讲出了原因；三是孔子可能认为自己负有天命，要善待和珍惜生命。

生命不仅仅属于个人，还属于父母、属于家庭、属于家族，甚至属于民族和国家，这就是儒家的家国情怀的伦理取向。这种伦理取向，决定了儒家所倡导的不仅仅是珍惜自己的生命，也要珍惜他人的生命，珍惜国人的生命。

国家发改委价格管理司的官员，为了一己之私利，与医药制造商狼狈为奸，虚高价格数十倍、数百倍、数千倍，无情打击那些价廉物美的传统医药，无情打压那些没有牟利空间的传统中医药，这些人不仅把巨大的贪污成本转嫁给无辜的平民百姓，而且草菅人命，良知丧尽。如果说这些人不懂法，没人相信；如果说这些人不懂科学，没人相信；如果说这些人没有接受父母、教师、组织的教育，没有人相信。问题出在他们的思想和灵魂，其心中缺少仁者爱人的慈悲！

## 10.17　儒家根本

> 厩焚。子退朝，曰："伤人乎？"不问马。

马棚失火。孔子退朝回来，先问："伤人了吗？"却不问马的情况。

儒学以人为本，人本、人道、人文是儒家的根本特质。我们看看先秦儒家三圣的表现：首先是孔子面对马厩失火，孔子问人不问马。奴隶主把人当牲口，孔子把奴隶当人。再则，面对殉葬恶习，孔子痛骂："始作俑者，其无后乎？"这是孔子对人的态度。对人的爱，对人权的尊重，对生命的敬畏，这就是儒家创始人对人的态度。再看孟子所言："君之视臣如手足，则臣视君如腹心；君之视臣如犬马，则臣视君如国人；君之视臣如土芥，则臣视君如寇仇。"这是对君臣关系的论述。"民为贵，社稷次之，君为轻。"这是对人民、国家、君主关系的论述。再看荀子的观点："水则载舟，水则覆舟。"

衡量是否是儒家，衡量是否属于真儒学，关键得看哲学主张是否以人为本，看政治主张是否以民为本，看道德行为是否具有悲天悯人的情怀。何以汉代以后，历代伪儒反叛了儒家根本精神，却自称儒家，或者被称之为儒家？匪夷所思！

## 10.18　礼的分寸

> 君赐食，必正席先尝之。君赐腥①，必熟而荐②之。君赐生，必畜之。侍食于君，君祭，先饭。

国君赐给熟食，孔子必定摆正座席先尝一尝。国君赐给生肉，一定煮熟了，先供奉给祖宗。国君赐给活物，一定要饲养起来。同国君一道吃饭，在国君举行饭前祭礼的时候，先替国君试吃。

国君赐熟食，正席而尝是礼；国君赐生肉，煮熟先供奉祖先是礼；国君赐活物，养起来是礼；陪同国君吃饭，国君饭前祭祀后，替国君试吃，进行咸淡界定、安全把控等，这也是礼。一切都恰到好处，看不到奴性，看到的是真诚！礼不仅规范生活，也规范政治；在今天的语境中，礼就是政治生活中的规矩！

---

①腥：生肉。②荐：供奉。

## 10.19　病重之礼

> 疾，君视之，东首①，加朝服，拖绅②。

孔子病了，国君来探视，他便头朝东躺着迎接君主，身上披盖着朝服，束着腰带。

孔子病中，国君来探视，孔子依照礼节，头朝东方，身盖朝服，束着腰带，尽人臣之礼。如果把眼光仅仅停留在"朝服"和"绅"上，看到夫子这种形象，可能觉得迂腐。果真如此吗？我们做一个相反的设想，假如国君来探视，孔子穿着便服或穿着睡衣如何呢？显然不够严肃和尊重，即便是对待友人，也不妥。这方面，新中国第一任总理周恩来做得非常好。长征过草地期间，他患肝脓肿，重病在身。毛泽东、王稼祥等来探视，周恩来每次必让夫人帮他尽可能以得体的服饰和体态来与他们会面，以表达对领导和同事的尊重！这种习惯，数十年如一日，坚持下来，堪称楷模！如今，则被颂为"周公风度"！

---

①东首：头朝东，这里指孔子病卧在床。②绅：束在腰间的大带子。

## 10.20 心存敬畏

> 君命召,不俟驾行矣。

国君召见(孔子),他等不及车马套好就先步行去了。

国君召见,自己先行,命令马车随后追来。从中读出的是孔子对国君的尊重、对事业的敬畏、对岗位的忠诚,而绝不是奴性。对上位者尊重、敬畏、忠诚符合周礼的要求,也符合现代礼仪的要求。因为处于上位者往往承担着更大的责任,而依照层级管理原则,上级召见下级,下级也应尽可能快速赶到,怠慢迟缓不仅误事,也是失礼。这是东西方文化共同的礼仪标准。

## 10.21 谦虚是礼

> 入太庙,每事问。

(此章重出,见3.15。)

## 10.22　重情重义

> 朋友①死，无所归。曰："于我殡②。"

（孔子的）朋友去世了，没有负责敛埋的人。孔子说："丧事由我来办。"

一帮臣子陪同周文王巡察，碰到一具尸首，周文王问随从尸体的家主是谁，为什么没有人安葬。随从经过一番周折，答复道："这是无主的尸首，所以没有人安葬。"周文王十分愤慨地说："谁说无主？我就是这具尸体的主人。"于是，文王命随从郑重安葬死者。孔子儒家最重要的社会实践基础，是以周公为代表的西周初年统治者的政治与社会管理实践。周公姬旦从武王伐纣的过程中，发现了一个惊天的秘密：决定君王地位的不是上天，而是君王的道德，君王道德高尚才能获得黎民百姓的爱戴，才能建立起统治权威。这是中国最早的人本精神和民本意识的自觉，而孔子传承了这种人本精神和民本意识。孔子安葬朋友，有对友情的珍重，有对生命的敬畏，是悲天悯人者的必然选择！

---

①朋友：指和孔子志同道合的人。②殡：停放灵柩和埋葬都可以叫殡，这里应该是泛指丧葬事务。

## 10.23　重礼轻物

> 朋友之馈，虽车马，非祭肉，不拜。

朋友的馈赠，即使是车马，不是祭肉，接受时也不拜谢。

就经济价值而言，车马远重于祭肉，但是，就精神价值而言，祭肉远重于车马，因为祭肉里面有对接受者的尊重和信任。鲁国国君举行宗庙祭祀活动后，没有把祭肉分给孔子，没有证据证明，国君是忘记了还是有意不将祭肉分给孔子。依照当时的政务礼仪，孔子没有得到国君赐的祭肉，就判断国君不再信任自己，于是选择离开，选择周游列国，选择颠沛流离，选择换一个环境实践、推广自己的主张。

我非常佩服孔子作为公职人员的正直和勇气。与鲁国国君心神不合，没有选择妥协，没有选择出卖良知，没有选择委曲求全，没有选择不择手段献媚取宠，而是选择挂冠而去。孔子此后长达10余年的颠沛流离的起点就在此！改变体制僵化和阶层固化是当代中国深化体制改革的主攻方向，增强人才的流动性，实现双向选择，让适合的人到适合的岗位，于个人、于国家都是值得期待的深度改革！

## 10.24 张弛有道

> 寝不尸①，居②不客③。

（孔子）睡觉不像尸体一样挺着，闲居时则不像做客时那么端庄。

儒家礼仪具有坚实的生活基础，甚至有科学依据。"己所不欲，勿施于人"，孔子虽然有"君子不欺暗室"的主张，但是，生活中却张弛有度。政务中的孔子，严格遵守政务礼仪；交往中的孔子，严格遵守生活礼仪。

此章所讲，睡觉不像挺尸，其实非常科学，如子宫中胎儿蜷缩式的睡法，使身体保持柔软，睡眠质量更好，身心恢复更快。闲居的时候，就没有必要像在政务场所或者做客期间那么庄重、严谨。金属都会疲劳，何况人呢？孔子在日常生活中"申申夭夭""燕处超然"，悠然自在，怡然自乐。生活中的孔子，有道家的潇洒！

---

①尸：像尸体一样僵硬直挺之状。②居：休闲。③客：客居，做客。

## 10.25 敬重人神

> 见齐衰者，虽狎①，必变。见冕者与瞽者，虽亵②，必以貌。凶服者③式④之。式负版者⑤。有盛馔⑥，必变色而作⑦。迅雷风烈必变⑧。

看见穿丧服的人，即使关系亲密，也要态度严肃。看见祭祀者和盲人，即使是很熟悉的关系，也一定非常礼貌。在乘车时遇见穿丧服的人，便俯在车前横木上行礼；遇见背负国家图籍的人，也要这样行礼。如果有人以丰盛的筵席接待，就神色庄重，站起来致谢。遇见迅雷大风，必然庄严肃穆。

敬丧者，是对死者的尊重！敬先人，是对先人的尊重！敬弱者，是对生命的尊重！敬大人，是对责任的尊重！敬天神，是对大自然的尊重！民胞物与的情怀，在孔子儒学中已然成熟。后世伪儒学者，因为献媚、谄媚统治者，所以只提倡敬畏大人（上位者）、圣人（道德高尚者）和神明。但孔子儒家已然敬天爱人，已然民胞物与，已然以人为本！这就是儒家，以人为本的儒家！

---

①狎（xiá）：亲近。②亵（xiè）：常见、熟悉。③凶服者：穿丧服的人。④式：同"轼"，古代车前横木，这里是遇见地位高的人或家有丧事的人，驾车者身子向前微俯，伏在横木上，以示尊敬或同情，这是当时的礼节。⑤负版者：背负国家图籍的人。当时用木版来书写。⑥盛馔（zhuàn）：盛大的宴席。馔，饮食。⑦作：站起。⑧变：肃然起敬之状，强调的是动态过程。

## 10.26　行为心理

> 升车，必正立，执绥①。车中，不内顾②，不疾言，不亲指③。

上车时，一定先直立站好，然后拉着扶手带上车。在车上，不回头，不高声说话，不指指点点。

孔子乘车尊礼而为，这章中最值得品味的是"不疾言，不亲指"。我们可以通过现代行为心理学，从行为中判定人的心理，甚至人格特征。从孔子的行为中，可以感受到他对驾车人的尊重，感受到他鲜明的角色意识。

我曾与一位朋友同车，在长达3个多小时的车程中，这位朋友不断指挥司机看红灯、减速、加速、避让、刹车、看后视镜，如此穷折腾司机，作为同车人，我深感不安。当我了解到司机是位驾车经验丰富的老司机时，更是觉得这位朋友的行为匪夷所思。3个多小时的行程，我想睡觉都没有睡着。我相信，这3个多小时朋友比我难受，司机比朋友难受。我通常的做法是，告诉司机要去哪里，何时必须赶到，然后上车就睡觉，找"周公"报到！一觉醒来，快哉快哉！尊重专业，信任他人，解脱自己，解放别人！何乐而不为？

---

①绥：上车时扶手用的索带。②内顾：回头看。③疾言：大声说话。④不亲指：不用自己的手指指点点。

## 10.27　身心疲惫

> 色①斯举②矣,翔而后集③。曰:"山梁雌雉④,时哉⑤!时哉!"子路共⑥之,三嗅而作⑦。

(孔子在山谷中行走,看见一群野鸡在飞)神情一动,野鸡飞翔一阵落在树上。孔子说:"山梁上的野母鸡,可以自由自在,真是得其时呀!得其时呀!"子路拱拱手,野鸡张开两翅飞走了。

身心疲惫不堪的孔子,在山谷中艰难行走,目睹野鸡自由飞翔,怡然自乐,顿生庄子羡鱼的况味,发出由衷的感叹。个中孤独酸楚,孔子自知。自古英雄孤独,其实圣人也孤独!凡夫俗子如我也很孤独。历时10年,工作之余重注《论语》,几乎每个夜晚都在读书著述,几乎每个双休日都在读书著述,几乎每个长假都在读书著述,几乎所有能利用的时间都在读书著述,十年一剑天地心,集我数十年学养从教育视域撰写《论语心读》,又何尝不觉得孤独?近几年来,在做好本职工作的同时,每天坚持修订《论语心读》,历时两年,天地之大何人相知,唯有夜深人静方能体

---

①色:脸色。②举:鸟飞起来。③翔而后集:飞翔一阵后降落到树上。群鸟停在树上叫"集"。④山梁雌雉(zhī):在山梁上的母野鸡。⑤时哉:得其时呀。感叹野鸡时运好,可以自由飞翔。⑥共:同"拱"。⑦三嗅而作:嗅,应为狊(jú)字。狊,鸟张开两翅。

味个中酸楚,又何尝不觉得孤独?

很多人认为孔子的政治主张不被接受,是因为他的主张属于过去时,落伍于时代。事实恰恰相反,孔子的思想属于将来进行时,他不能唤醒自己的时代,却能引导中华民族走向文明!走向复兴!

# 感悟

01

02

03

04

05

06

07

# 先进第十一

## 11.1　建构秩序

> 子曰:"先进于礼乐①,野人②也;后进于礼乐③,君子④也。如用之,则吾从先进。"

孔子说:"先学习礼乐而后再做官的人,是原来没有爵禄的平民百姓;先当了官然后再学习礼乐者,是在上位的君子。如果要选用人才,我主张选用先学习礼乐的平民百姓。"

在西周时期,人们因社会地位和居住地的不同,就有了贵族、平民和乡野之人的区分。孔子认为,那些原来就有爵禄的人,因为养尊处优,为官以前,未接受系统的礼乐教育,不懂得为何当官和如何当官,应当慎重选择。而那些本来没有爵禄的平民,当官以前必须全面系统地学习了礼乐才有资格被选拔,这些人因为身处下层,有慈悲心和同情心,当然更容易做一个为民谋福祉的好官。所以,孔子的官员选择取向是先学习了礼乐的平民而不是贵族。

此章足以证明,孔子并不是奴隶制度的维护者,不是等级制度的维护者,而是新秩序的建立者。孔子开平民教育先河,以教育改变平民的命运,以教育打破奴隶社会的等级制度,其教育理念和实践,足以证明孔子是新秩序的倡导者、创造者、维护者。我真不明白,为何2500多年来人们对他老人家有如此深的误会、误解、误读,由此可见伪儒学、反儒学之可恶与可怕。

---

①先进于礼乐:先学习礼乐而后再做官的人。②野人:乡野平民。③后进于礼乐:先做官后学习礼乐的人。④君子:指上位者。

## 11.2　无限伤感

> 子曰:"从我于陈、蔡①者,皆不及门②也。"

孔子说:"曾跟随我在陈国、蔡国受困的学生,现在都不在我身边受教了。"

公元前489年,孔子和他的学生从陈国出发,途径蔡国,准备赴楚国接受国政之重托,陈、蔡两国的大夫担心孔子此去,楚国必然更加强大,于陈、蔡两国大为不利,于是发兵围困孔子,上演了孔子游历诸侯国过程中"厄于陈蔡"的一幕,这次围困时间颇长,断粮7天,许多学生饿得不能走路。当时跟随他的学生有子路、子贡、颜渊等人。孔子回鲁国以后,子路、子贡等先后离开了他,颜渊也去世了。孔子非常想念他们,故有此感叹,感叹之中有对门人的怀念,有对命运的感伤,有对时局的无奈,有对未来的迷茫!

哲人也有忧伤!哲人也有无奈!哲人也有迷茫!

---

①陈、蔡:均为国名。②不及门:不在跟前受教。门,受教场所。

## 11.3　因材施教

> 德行①：颜渊、闵子骞、冉伯牛、仲弓。言语②：宰我、子贡。政事③：冉有、季路。文学④：子游、子夏。

德行美好的弟子有：颜渊、闵子骞、冉伯牛、仲弓。善于辞令的弟子有：宰我、子贡。擅长政事的弟子有：冉有、季路。通晓文献的弟子有：子游、子夏。

孔子是中国教育史上第一个提出因材施教的人。不少学者认为孔子的教育是分科设班教学：德行科、言语科、政事科、文学科，我不以为然。此章是对学生学业特长的分类评价，孔子在教育过程中发现了弟子们各有特长，有的德行出类拔萃、有的善于辞令、有的长于政事、有的擅长文献，不一而足。因材施教是源于对生命的尊重，对个性的尊重，对教育规律的尊重，对人才发展规律的尊重。

对标孔子的教育，可以发现中国当代教育的方向性错误。教育的正确方向是求异，是尊重差异，发展个性，发挥每个人的优势潜能。把物理天才培养成爱因斯坦和钱学森，把音乐天才培养成贝多芬和柴可夫斯基，把农学天才培养成王国英和袁隆平，把体育天才培养成柯洁和姚明。遗憾的

---

①德行：具备孝悌、忠恕等道德。②言语：善于辞令，能从事外交工作。③政事：能处理好政治事务。④文学：通晓诗书礼乐等古代文献。

是，中国当代教育反其道而行之，从小学到高中，在总分排名的分分计较中，培养了无数精致的利己主义者。长达10多年的时间，剥夺孩子亲近自然、沐浴阳光、锻炼身体、发挥特长以及伦理建构、价值沉淀、社会交往的权利。这样的教育如何能够发现个性？如何能够张扬个性？如何能够成就个性？因此，每年数百万学生高考，但40年过去不见大师，不见巨匠，也就不足为怪了。

01

02

03

## 11.4　亦褒亦贬

> 子曰:"回也非助我者也,于吾言无所不说。"

孔子说:"颜回不是对我有帮助的人,他对我所说的话没有不高高兴兴、心悦诚服的。"

服服贴贴,毕恭毕敬,对先生所讲深信不疑。这到底是赞美还是批评呢?大多数人认为是赞美颜渊。我认为是略带惋惜的批评,充其量只能理解为亦褒亦贬。大多数人认为孔子喜欢"老老实实"的学生,或者喜欢不质疑老师学说的学生。其实大谬不然,孔子也十分喜欢卓尔不群的子路,孔子也十分喜欢预测市场行情犹如巴菲特一样的子贡。在孔子的教育伦理中似乎没有自己不喜欢的学生,他对每个学生的优点和缺点了如指掌。针对学生的个性特征,该抑制的抑制、该批评的批评、该鼓励的鼓励;即便是对自己最喜欢的学生颜回也不例外。孔子批评颜回缺少主见,批评其不会营生,弄得自己家徒四壁,一贫如洗。

## 11.5 子孝母慈

> 子曰:"孝哉闵子骞!人不间①于其父母昆弟之言。"

孔子说:"闵子骞真孝顺!人们对他的父母兄弟称赞他的话没有异议。"

"鞭打芦花"这则典故的主人公就是闵子骞。闵子骞小时候,父亲续弦再娶的后母带来两个弟弟。后母厚此薄彼,为自己的儿子做了里面是棉花的棉衣,为闵子骞做了一件外表看上去又厚又柔软,但是里面装的是芦花的"芦花衣"。闵子骞驾车与父亲外出时,冻得直打哆嗦,以至于无法抓住缰绳,父亲生气,夺过鞭子就打闵子骞,结果衣服破了,芦花随着鞭子的扬起而纷纷飞起落下。父亲明白了真相后大怒,欲休妻。闵子骞却为继母求情:"母在一子寒,母去三子单。"大孝行为感动了继母,她从此改过自新成了慈母。孔子认为闵子骞至孝。闵子骞的孝,让父亲宽容,让继母慈爱。

---

①间:非难,批评。

## 11.6　白圭之玷

> 南容三复白圭①，孔子以其兄之子妻之。

南容反复诵读："白圭之玷，尚可磨也；斯言之玷，不可为也。"孔子把侄女嫁给了他。

"一言兴邦，一言丧邦。"孔子的课程重视言语科教学，且不遗余力地提倡"慎言"。白玉被玷污了，还可以把它磨去，而说错了的话，则无法挽回。孔子把自己的侄女嫁给了南容，表明他很欣赏南容的慎言，并由南容的慎言中，看到了他的人品与潜质。

今天，我在生活中常常保持沉默，甘当一个安静的听众。当然，这更多的是受孔子儒家哲学的影响，做人不失本心本性，说出口的必须是真话，否则宁可不说。这种性格也有教育职业的要求，出家人不能打诳语，教师更不能打诳语。在课堂上口若悬河，在学术上当仁不让，而在生活中我乐于沉默，享受孤独！

---

①白圭：取自《诗经·大雅·抑》中的诗句："白圭之玷，尚可磨也；斯言之玷，不可为也。"意思是白玉上的污点可以磨掉，但是言论有错，却无法挽回。告诫人们要谨慎说话，慎重表态。

## 11.7　学习人生

> 季康子问:"弟子孰为好学?"孔子对曰:"有颜回者好学,不幸短命死矣,今也则亡。"

季康子问孔子:"学生中有谁好学?"孔子回答:"有个叫颜回的学生很好学,不幸短命死了。现在没有像他那样好学的学生。"

以好学而论,颜渊排第一。这不是孔子偏心,而是事实。孔子儒家以教为政,追求的是教育改变学生,学生改变社会。孔子首创并实践了终身学习的理念,对儒家所倡导的仁、义、礼、智、信等的理解和把握,是学习;付诸实践,内化成人的品格也是学习。所以,学习可以使生命个体实现从自然人向社会人的深度转化,可以超凡脱俗,达到人生圣境。

学习并非单指读书或看书,学习是一切促使人自我更新、自我提升的读书、写作、调查、研究等认知与实践行为的总和。有句网络名言:"如果你平均每天坚持学习两个小时,那么你的命运已经在学习中悄悄改变。"我深以为然,我本是1981届的中师生,能够读到博士,靠的是数十年如一日的治学不辍;能够在学术拥有自己的空间,靠的是数十年如一日的治学不辍;能够在事业上为民族之复兴而尽绵薄之力,靠的是数十年如一日的治学不辍。

生命因学习而精彩:视野在学习中拓展,境界在学习中升华,命运在学习中改变,价值在学习中提升!当学习成为生活方式,人生必然精彩!当学习成为家庭风景,家庭必然兴旺!当学习成为国家时尚,国家必然繁荣富强!

## 11.8 师徒父子

> 颜渊死,颜路①请子之车以为之椁②。子曰:"才不才,亦各言其子也。鲤③也死,有棺而无椁。吾不徒行以为之椁。以吾从大夫之后④,不可徒行也。"

颜渊死了,颜路请求孔子卖掉他的车子给颜渊买外椁。孔子说:"颜渊和鲤或有才或无才暂且不论,只从他们分别是我两个人的儿子而论。孔鲤死时,是有棺无椁的,我并没有卖车步行而给他买椁。因为我曾经担任大夫,不可以步行啊。"

颜渊是孔子的得意门生。孔子多次高度称赞颜渊,认为他有很好的品德,又好学上进。颜渊死了,他的父亲颜路请孔子卖掉车子,给颜渊买椁——姑且不论颜路的要求是否过分。尽管孔子十分悲痛,甚至发出了"天丧予,天丧予"的沉重悲叹,但他却不会卖掉车子为爱徒买椁,理由很朴实、很简单、很真诚:颜渊、孔鲤,一个为爱徒,一个为爱子,爱子去世没有卖掉车子买椁,爱徒去世却卖车子买椁,于情于理说不过去,如果真卖车买椁,如何对得起孔鲤啊!至于孔子说,曾为大夫一级官员,不可以徒步,是托辞。因为孔子不能明说:卖车给颜回做椁,内心深处如何能克服对孔鲤的歉疚呢?

---

①颜路:颜无繇(yóu),字路,颜渊的父亲,也是孔子的学生。②椁(guǒ):古人所用棺材,内为棺,外为椁。③鲤:孔子的儿子,字伯鱼,去世时50岁,当时孔子70岁。④从大夫之后:跟随在大夫们的后面,即当过大夫的谦虚说法。孔子在鲁国曾任司寇,是大夫一级的官员。

## 11.9 千年一叹

> 颜渊死，子曰："噫！天丧予！天丧予！"

颜渊死了，孔子说："咳！上天要我命呀！上天要我命呀！"

一声叹息传响2000多年，时至今日，依然能感受到那种无与伦比的沉重。之所以沉重，是因为师徒情深，是因为颜渊好学，是因为孔子忧虑道统失传。在孔子看来，颜渊是能够传承儒家道统的最佳人选。天命未竟，传人先去。子虽圣人，情何以堪，心何以安！

## 11.10　千年一哭

> 颜渊死，子哭之恸①。从者曰："子恸矣。"曰："有恸乎？非夫②人之为恸而谁为？"

颜渊死了，孔子哭得极其悲伤。跟随孔子的人说："您悲伤过度了。"孔子说："悲伤过度了吗？我不为这个人悲伤过度，还能为谁呢？"

孔子提倡"乐而不淫，哀而不伤"，颜渊之死，孔子却哀而伤，哭得死去活来。门人说："先生悲伤过度了。"孔子却反问："我悲伤过度了吗？我不为这样的人悲伤，又为谁悲伤呢？"孔子的悲伤里有师生情义的真诚，有白发人送黑发人的悲凉，有道统失传的忧虑、无奈、怅惘。一声悲哭，传响千年！

---

①恸（tòng）：过于悲痛。②夫（fú）：指示代词。

## 11.11 真情无价

> 颜渊死，门人欲厚葬之，子曰："不可。"门人厚葬之。子曰："回也视予犹父也，予不得视犹子也。非我也，夫二三子也。"

颜渊死了，学生们想隆重安葬他，孔子说："不可以。"学生们仍然隆重地安葬了他。孔子说："颜回待我如父，我却不能待颜回如子。不是我想这样做，是几个弟子们做的啊。"

在孔子看来，对颜回的丧事应当与孔鲤一样，否则就没有与儿子同等待遇。有人说儒家提倡厚葬，这其实是历史的误会。儒家追求的是合礼，但更重视情义，颜回死了，"子哭之恸"，其实已经体现了情重于礼的情感取向——"与其奢也，宁俭！"门人要求厚葬，表达的是对同门的深情。孔子期望其与孔鲤下葬规格一致，表达的是视颜回如儿子一样的真情！"非我也，夫二三子也"是对九泉之下的孔鲤的一个交代。

## 11.12　实用理性

> 季路问事鬼神。子曰:"未能事人,焉能事鬼?"曰:"敢问死。"曰:"未知生,焉知死?"

季路问孔子怎样侍奉鬼神。孔子说:"没能侍奉好人,怎么能去侍奉鬼呢?"季路说:"请问死是怎么回事?"孔子回答说:"还不知道生的道理,怎么能够知道死的道理呢?"

儒家学说具有典型的实用理性取向。儒学是人学,是人伦之学,是人本之学,以人为本,以民为本,民生为重。神的传说、佛的传说、上帝的传说,都有数千年的历史。心中有佛,佛就存在;心中有上帝,上帝就存在。神佛离人遥远,所以儒家主张"敬鬼神而远之",感觉"祭神如神在",假如鬼神比人智慧,那么绝对不会跟人做功利性的交易。正因为如此,儒家坚持认为,要尊重人,要尊重活着的人,然后才敬重鬼神。为天地立心,为生民立命,为百姓谋福祉,这才是儒家首要的追求!但是实践理性的《论语》,不仅屡遭歪曲和误解,甚至还屡遭践踏和抛弃。匪夷所思!我之梦想,让《论语》走进家庭,让《论语》走进课堂,让《论语》走进人心!吾辈自当珍惜,吾辈自当努力,吾辈只争朝夕!

## 11.13 一语成谶

> 闵子侍侧，訚訚①如也；子路，行行②如也；冉有、子贡，侃侃③如也。子乐。"若由也，不得其死然。"

闵子骞侍立在孔子身旁，恭敬而正直的样子；子路，正直刚强的样子；冉有、子贡，气定神闲、温和快乐的样子。孔子高兴了。同时也感叹说："像仲由这样，只怕不得善终啊。"

表象背后是本质，性格决定命运。子路有勇少谋，非常刚烈、刚强甚至于鲁莽。孔子从子路的性格特征，预测其命运的结局，一语成谶，不是诅咒，而是推理。

性格决定命运，是人格心理学的结论。改变性格，方能改变命运。回想自己的人生：30岁以前疾恶如仇，脾气火爆，担任校长期间居然可以只身搏击侵入校园的一帮流氓，也常常因为对学术的执着而暴跳如雷，或为工作的严重分歧拍案而起；30岁以后，心中已然无恨，也不再与人计较一时之长短！40岁之后心中只有爱，内心变得非常宁静，生活中也常常是一个沉默者；知天命之后，心中充溢着如海的慈爱和悲悯，即使面对曾经伤害自己的人，也能坦然、怡然、欣然，没有丝毫的怨恨，有的是尊重和珍惜！我深深地知道，我的性格在变，而变化的动因不在挫折和蹉跌，却在数十年如一日的读书和治学！

---

①訚訚：正直恭敬，而又能直言进谏。②行（hàng）行：刚烈坚强。③侃侃：温和快乐。

## 11.14　文化深度

> 鲁人为长府①。闵子骞曰:"仍旧贯②,如之何?何必改作?"子曰:"夫人不言,言必有中。"

鲁国大臣改建长府的国库。闵子骞说道:"沿袭老样子,不是也可以吗?何必要改建呢?"孔子道:"闵子骞这个人平日不说话,说出来就很中肯。"

文化虚无主义通常表现为行为激进,激进主义者打着建构的旗帜进行破坏。能够作为国库,其建筑艺术、实用艺术,均有特色,均有可取之处,大规模改建,不仅劳民伤财,也是一种对文化的毁灭、对文明的破坏。文化的继承,不是思想保守,而是一种有序发展,稳步发展。城市化或城镇化是中国走向现代化的一次历史机遇,但是现代化也应有深度,不可以把现代化简单理解为高楼林立,而应该是人文复苏、人文关怀和文化多元。文化纵深才是城镇化、城市化的本质追求和精神主导。没有文化亲和力、向心力、凝聚力,城市就会缺乏核心竞争力!

---

①鲁人:鲁国的执政大臣。为:改建。长府:鲁国国库名。府,仓库。②仍旧贯:惯例,沿袭老样子。

## 11.15 登堂入室

> 子曰:"由之瑟①,奚为于丘之门②?"门人不敬子路。子曰:"由也升堂矣,未入于室也③。"

孔子说:"仲由为什么在我这里弹瑟呢?"学生们因此(以为子路弹得不好)都不尊敬子路。孔子便说:"仲由嘛,学习已到厅堂,只是还未进入内室吧。"

《孔子家语》中说:"子路鼓瑟,有北鄙杀伐之声。"由此可知,孔子批评子路为何在门下鼓瑟,不是因为子路鼓瑟技艺差,而是子路鼓瑟的声音没有达到"中和"的境界。因为孔子的批评引得门人对子路不敬,孔子又补充:"子路的修养已经到了升堂的境界,只是没有入室。"这里"升堂""入室"的"堂"与"室"的境界之分,到底是指鼓瑟艺术,还是指儒学修养,抑或是指道德境界,学界一直有分歧。我认为这是一个借喻手法,以子路鼓瑟的艺术境界,评价其道德修养境界,并揭示了学习"入门—升堂—入室"的发展过程。这是作为教育家的孔子对于学习理论的原创性贡献。

---

①瑟:弦乐器,与古琴相似。②奚为于丘之门:为什么在我这里弹呢?为,弹。③由也升堂矣,未入于室也:仲由学习已到厅堂,只是还未进入内室;堂是正厅,室是内室,此处用以形容学习程度的深浅。

## 11.16　中庸之道

> 子贡问："师①与商也孰贤？"子曰："师也过，商也不及。"曰："然则师愈②与？"子曰："过犹不及。"

子贡问孔子："子张和子夏二人谁更好呢？"孔子回答说："子张过分，子夏不足。"子贡说："那么是子张好一些吗？"孔子说："过分和不足一样。"

"过犹不及"的中庸思想源于此。可从三个方面理解：

第一，中庸是实学，"终身用之，有不能尽者也"。将中庸思想用于现代社会管理：在年薪6000万元的企业高管和年薪6万元的员工之间，选择一个平衡点，企业的发展前景应该会更好；在拥有广厦千万间的开发商与上无片瓦遮头、下无立锥之地的赤贫者之间，选择一个平衡点，社会矛盾不会如此尖锐；在教与学二者之间，选择一个平衡点，很多教育教学的问题就会迎刃而解。以教育为例，过度的教与过度的学，不及的教与不及的学，都不是科学教育。

第二，中庸也是儒家推崇的人格特征。做到了可能是完人、伟人甚至圣人，至少可以成为受欢迎的人。孔子说："君子中庸，小人反中庸。君子之中庸也，君子而时中。小人之反中庸也，小人而无忌惮也。"翻译成

---

①师：颛孙师，即子张。②愈：胜过，强些。

为白话文就是:"君子恪守中庸,小人经常背离中庸。君子之所以能够恪守中庸,是因为君子行事遵循中庸原则。小人之所以不能恪守中庸,是因为小人行事无所顾忌。"

第三,中和是一种美妙的情感境界。《中庸》云:"喜怒哀乐之未发,谓之中。发而皆中节,谓之和。"感情如此,方可谓美妙。如果不及,往往情不深不真,不动人也无追求的价值。如果过了,等待的一定是悲剧——普希金的决斗是悲剧,特洛伊战争是悲剧。这种美妙的境界,可以用音乐作品的艺术境界来类比,古今中外,大凡历久弥新的音乐作品均符合中庸原理,接近或达到中和境界。《平沙落雁》《阳关三叠》《春江花月夜》《高山流水》《苏堤春晓》《蓝色多瑙河》等莫不如是。因为中和,所以永恒。

## 11.17　鸣鼓攻之

> 季氏富于周公①，而求也为之聚敛②而附益③之。子曰："非吾徒也。小子鸣鼓而攻之，可也。"

季氏已经比周朝公室还富有了，而冉求还帮他搜刮以增加他的钱财。孔子说："他不是我的学生，你们可以大张旗鼓地攻击他。"

鲁国的三家曾于公元前562年将公室（即鲁国国君直辖的土地和附属于土地上的奴隶）瓜分，季氏分得三分之一，并用封建的剥削方式取代了奴隶制的剥削方式。公元前537年，三家第二次瓜分公室，季氏分得二分之一。由于季氏推行了新的政治和经济措施，所以很快富了起来。孔子的学生冉求帮助季氏积敛钱财，搜刮人民，所以孔子很生气，表示不承认冉求是自己的学生，而且让其他学生大张旗鼓地去声讨冉求。多数注者认为此章证明孔子十分执着地维护礼制，其实不然：孔子生气的不是冉求支持季氏违礼的行为，而是他违背中庸之道对民众的巧取豪夺，对贫民的敲骨吸髓。孔子坚守的是人本理念和民本思想，坚守的是悲天悯人的情怀！

---

①季氏富于周公：季氏的财产比周朝公室还要富有。②聚敛：积聚和搜刮钱财。③益：增加。

## 11.18 中庸教育

> 柴也愚,参也鲁,师也辟,由也喭<sup>①</sup>。

高柴愚直,曾参迟钝,颛孙师偏激,仲由鲁莽。

孔子认为,他的这些学生各有所偏,不合中庸原则,偏离中庸境界太远,对他们的品质和德行必须适当矫正和引导。这种矫正和引导非常有必要,兴趣方面的特长应当保留和强化,性格方面的极端行为和偏差,不矫正不控制,就容易走极端。所以,必要的矫正和引导是必需的,也是教育的重要范畴。中庸是一种折中调和思想,折中调和是事物发展过程中的一种状态,这种状态虽是相对的、暂时的,却是和谐的、渐进的。孔子揭示了事物发展过程的这一状态,并将之概括为"中庸",这是中国哲学史上最重要的原创思想,也是孔子儒家重要的方法论。

---

①喭(yàn):粗鲁,鲁莽。

## 11.19 尊重本性

> 子曰:"回也其庶①乎,屡空②。赐不受命,而货殖③焉,亿④则屡中。"

孔子说:"颜回的学问道德几乎接近于完善了吧,可是他却常常贫困。端木赐不听从天命的安排,去做买卖猜测行情,竟然往往能猜中。"

孔子公开批评颜回的不足,公开赞美子贡独一无二的优势。赞扬颜回道德品质接近完美,但是由于不会营生,弄得自己家徒四壁,一贫如洗,是惋惜,更是批评;而子贡呢,虽然此时尚没有按照"学而优则仕"的套路,进入仕途,但是却能不听从命运的摆布,善于做生意,预测市场行情非常准确。这是批评吗?不是,是赞扬,是一种引以为豪的赞扬。

孔子儒家绝非"钱财如粪土,仁义值千金"的腐儒,而是"君子爱财,取之以道"的通儒和达儒。后世伪儒者强不知以为知,根据这一章,硬说孔子重义轻利,殊不知孔子也说过"富而可求也,虽执鞭之士,吾亦为之",他对财富的渴望竟如是。

怎么理解"君子爱财,取之以道"呢?当官的进行权力寻租,以权谋私,收受贿赂,就是"取之不以其道";当教师的有偿补课,就是"取之不以其道",要知道从教师收钱的那一瞬间开始,教育的绩效已经归零,

---

①庶:庶几,差不多,这里指颜渊的学问道德接近于完善。②空:贫困、匮乏。③货殖:做买卖。④亿:同"臆",猜测。

甚至是负数，因为此时师生关系已经变成了商业关系，是买卖关系，是服务与购买服务的关系，是顾客与知识贩子的关系；在企业之中，工作时间利用职务之便，从企业或企业相对方谋取利益，甚至在工作之余以牺牲企业利益为前提为自己谋取利益等，都是"取之不以其道"！

　　孔子绝不是后世伪儒学所描绘的那种不食人间烟火的圣人，而是一个有血有肉、脚踏实地、吃五谷杂粮的哲人，是一个重情重义、真诚而真实的教育家，是一个"知其不可而为之"，能给宇宙以道德终极关怀的智者！

## 11.20　传承创新

> 子张问善人①之道。子曰："不践迹②，亦不入于室③。"

子张问使人完善的途径。孔子说："如果不沿着正确的路走，学问修养就不能登堂入室。"

道德学问的修养必须沿着正确的路径走，创新必须以传承为基础，发展必须以守成为基础。人的修养如是，学者的研究如是，社会发展亦如是。物理学家牛顿也说过类似的话："如果说我比别人看得更远，那是因为我站在巨人的肩膀上。"任何国家、民族的族群伦理建设，必须遵循这个路径。非常遗憾中国伦理精神的建构，没有遵循这个路径，因而导致旧的伦理体系被破坏了，而新的伦理体系一直尚未建立。这个教训非常深重，不可以忘记。学术的创新基础是传承，如果不研究前人积累的素材或成果，如何能实现超越和创新呢？

---

①善人：使人完善。②迹：脚印，前面有人走过的路径。③入于室：喻学问修养达到了精深地步。

## 11.21 追求真诚

> 子曰:"论笃是与①,君子者乎?色庄者乎?"

> 孔子说:"总是被赞许为笃实诚恳的人,到底是真君子?还是仅仅容貌庄重的伪君子呢?"

孔子认为言行一致、知行合一才是君子,骂了宰我之后,归纳出了"听其言而观其行"的鉴人方法。"论笃"也就是讲话态度稳重,内容实事求是。孔子认为说话稳重,实事求是,言之有据,言之有物,当然重要,更重要的是说话者表里如一、知行合一的持重,而不仅仅是容貌的庄重。

很多人主动或者被逼迫戴着面具生活,因为忠言逆耳,很多的上位者不喜欢听真话、实话,所以很多人在单位不敢讲真话,不敢讲实话,否则不知道什么时候会被"穿小鞋"。竞争对手之间更不能讲真话、实话,否则不知道什么时候会遭到诬陷和陷害。甚至夫妻之间也难讲真话,否则说不准就会夫妻反目,死无葬身之地。"文化大革命"期间这样的例子太多,现在坊间也听说不少。何至如此?绝学不继,道之不传。儒家提倡真诚,仍有现实意义!

---

①论:言论。笃:诚恳。与:赞许。

## 11.22　因材施教

> 子路问："闻斯行诸？"子曰："有父兄在，如之何其闻斯行之？"
> 
> 冉有问："闻斯行诸？"子曰："闻斯行之。"
> 
> 公西华曰："由也问闻斯行诸，子曰：'有父兄在'；求也问闻斯行诸，子曰：'闻斯行之'。赤也惑，敢问。"
> 
> 子曰："求也退，故进之；由也兼人①，故退之。"

子路问："听到了就行动吗？"孔子说："有父兄在，怎么能听到就行动呢？"

冉有问："听到了就行动吗？"孔子说："听到了就行动。"

公西华说："仲由问：'听到了就行动吗？'您回答说：'有父兄健在'；冉求问：'听到了就行动吗？'您回答：'听到了就行动'。我被弄糊涂了，大胆地来问个明白。"

孔子说："冉求总是退缩，所以我鼓励他；仲由好勇过人，所以我约束他。"

孔子之因材施教，注重个人兴趣特长，追求本性张扬，正如他一面赞

---

①兼人：勇敢、果敢。

扬颜回的安贫乐道，一面为子贡生财有道深感自豪。但是在德行修养上，他却坚持中庸之道，针对各人性格，视其偏离中庸境界的距离，进行因人而异的矫正和引导，这也是因材施教。在人格修养上的因材施教，是儒家教育的首创和特色。

**感悟**

01

02

03

## 11.23　心息相通

> 子畏于匡，颜渊后。子曰："吾以女为死矣。"曰："子在，回何敢死？"

孔子在匡地被围困，颜渊最后才逃出来。孔子说："我好担心你已经死了。"颜渊说："夫子还活着，我怎么敢死呢？"

人之相知，贵相知心！孔子对颜回格外喜欢，格外厚爱，格外欣赏，作为学生岂能不知！颜回的话绝非阿谀，而是发自肺腑。从情感维度看：感情是双向的，心灵是相通的。相互仰慕的人，都对对方有过发自内心的无声赞美。如果没有这种体验，说明并非相互仰慕。现代心理学家的研究发现：园丁以憎恶的心态对待近距离的花朵，花朵会黯然失色；园丁以欣赏与喜爱的心态善待近距离的花朵，花朵会灿然鲜艳。物尚如此，人何以堪？

本章读到了孔子和颜渊如海一样的深厚情谊。让情感成为教育的生命线，让情感贯穿教育始终，这是孔子教育成功的重要原因。因为有爱，才有教育！有真情，才有真正的教育！有激情，才有成功的教育！

## 11.24　君臣之道

> 季子然①问："仲由、冉求可谓大臣与？"子曰："吾以子为异之问，曾由与求之问。所谓大臣者，以道事君，不可则止。今由与求也，可谓具②臣矣。"曰："然则从之者与？"子曰："弑父与君，亦不从也。"

季子然问："仲由和冉求可以算是大臣吗？"孔子说："我以为你是问别人呢，原来是问由和求呀。所谓大臣是能用君臣之道来侍奉君主，否则就宁可辞职者。现在由和求两人，可以算是称职的臣子了。"季子然说："既然这样，他们会跟着季氏干任何事情吗？"孔子说："杀父亲、杀君主，他们就不会跟着干。"

原始儒家孔、孟、荀三家的君臣之道，绝不是后世伪儒学者所谓的"君要臣死，臣不得不死"。孔子说："君使臣以礼，臣事君以忠。"臣子忠君是有条件的，只有在国君尊重臣子的前提下，臣子才会恪尽职守。孟子说："民为贵，社稷次之，君为轻。"这在人类历史上，已经是最先进的民本思想了。孟子又说："君之视臣如手足，则臣视君如腹心；君之视臣如犬马，则臣视君如国人；君之视臣如土芥，则臣视君如寇仇。"孟子这段话，是对孔子的君臣关系思想的进一步深化。至于荀子说："从道

---

①季子然：鲁国季氏的同族人。②具：才具，才干，强调其工具性，引申为合格，称职。

不从君。"只服从真理,不服从君王,这简直就是现代文明的境界了。在学界,则应该是:吾爱吾师,吾更爱真理!

每次到杭州,几乎都要到岳飞墓。每到岳飞墓地必然叹息良久,深深为岳飞之死不得其所而怅恨万分。岳飞之死,史学界和世人多归咎于秦桧等奸臣构陷。秦桧主和是事实,说他陷害岳飞,恐怕即便有心也力不足吧。很多人明白了这个道理,当然就把岳飞之死的根本原因,归咎为赵构对自己既得利益的维护,因为按照岳飞的理想,直捣黄龙,雪靖康之耻,迎回宋钦宗、宋徽宗两位皇帝;如此,赵构的皇位就没了。其实这也不是根本原因。根本原因是岳飞儿时没有读懂孔子、孟子、荀子的原始儒家经典,假如听了孟子的话:"如欲平治天下,当今之世,舍我其谁也?"至少应该理直气壮,废掉赵构,另立新君;如果赵氏家族没有人合格,就找其他人;如果实在找不到,就委屈自己,下一回"油锅"——封建时代登上皇位的同时意味着下一次改朝换代必招灭门的劫难。向赵构的先祖赵匡胤学习,陈桥驿黄袍加身,岳飞可来个朱仙镇黄袍加身,以苍生为重,以国家为重,以天下为重。这恐怕才是原始儒家的担当吧!

原始儒家的君臣之道,被后世伪儒学严重歪曲,对中国历史产生了不可估量的负面影响,并严重迟滞中国民主化进程。假如历史按照原始儒家的君臣之道的逻辑发展,诚如孟子所言"君有大过则谏,反覆之而不听,则易位"(当代西方民主政治对总统的约束也不过如此),估计中国会先于西方进入民主社会。可惜,汉代董仲舒一套阴阳五行、君权神授的歪曲和附会,让中国在专制黑暗中跌跌撞撞走了2000多年,直到五四运动前后,国民才知道何为民主。

## 11.25 学而后仕

> 子路使子羔为费宰。子曰:"贼①夫人之子②。"子路曰:"有民人焉,有社稷③焉,何必读书,然后为学?"子曰:"是故恶夫佞者。"

子路让子羔去做费地的长官。孔子说:"这简直是害了人家的儿子。"子路说:"那个地方有老百姓,有土地和五谷,难道一定要读书才算学习吗?"孔子说:"所以我讨厌花言巧语狡辩的人。"

到底是学好了再做官呢,还是有官先做再学习?儒家认为"学而优则仕",学好了,心有余力再做官。这该如何理解呢?关键是看学什么。孔门课程体系有言语、有道德、有政治、有文献、有文学、有礼仪、有音乐、有体育、有劳动、有数学或术数。一个人是成为道德高尚者再去做官,还是做了官再修养道德?数千年官场历史中,很难找到做了官再修养好道德的例子,人很容易在大染缸里成了贪官污吏。人一旦迷失了本性,再想回头,谈何容易!所以,儒家主张学好了,有余力,再去做官。如此,方可造福一方,造福于民。孔子儒家的这种主张真的值得今天组织部门借鉴,选拔公务员不仅仅是招考一条路,要拓展渠道,从基层历练丰富、实干能力突出、人格不断完善的人才中选拔!

---

①贼:害。②人之子:指子羔。孔子认为他没有经过很好的学习就去从政,德才不配位,会害了他自己。③社稷:国都及各地都设立社稷坛,分别由国君和地方长官主祭,故社稷象征着国家政权。社,土地神。稷,谷神。

## 11.26　生本课堂

子路、曾皙①、冉有、公西华侍坐。

子曰："以吾一日长乎尔，毋吾以也②。居③则曰：'不吾知也。'如或知尔，则何以④哉？"

子路率尔⑤而对曰："千乘之国，摄⑥乎大国之间，加之以师旅，因之以饥馑。由也为之，比及⑦三年，可使有勇，且知方⑧也。"

夫子哂⑨之。

"求，尔何如？"

对曰："方六七十⑩，如⑪五六十，求也为之，比及三年，可使足民。如其礼乐，以俟君子。"

"赤，尔何如？"

对曰："非曰能之，愿学焉。宗庙之事⑫，如会同⑬，端章甫⑭，愿为小相⑮焉。"

"点，尔何如？"

---

①曾皙：曾点，字子皙，曾子的父亲，也是孔子的学生。②以吾一日长乎尔，毋吾以也：不要因我年龄大一些，而不敢说话。③居：平日里。④何以：即何以为用。⑤率尔：轻率、急切。⑥摄：迫于、夹于。⑦比(bì)及：等到。⑧方：方向。⑨哂(shěn)：讥讽地微笑。⑩方六七十：纵横各六七十里。⑪如：或者。⑫宗庙之事：指祭祀之事。⑬会同：诸侯会见。⑭端：古代礼服的名称。章甫：古代礼帽的名称。⑮相：赞礼人，司仪。

鼓瑟希⑯，铿尔，舍瑟而作⑰，对曰："异乎三子者之撰。"

子曰："何伤乎？亦各言其志也。"

曰："莫⑱春者，春服既成，冠者⑲五六人，童子六七人，浴乎沂⑳，风乎舞雩㉑，咏而归。"

夫子喟然叹曰："吾与点也！"

三子者出，曾皙后。曾皙曰："夫三子者之言何如？"

子曰："亦各言其志也已矣。"

曰："夫子何哂由也？"

曰："为国以礼，其言不让，是故哂之。"

"唯㉒求则非邦也与？"

"安见方六七十如五六十而非邦也者？"

"唯赤则非邦也与？"

"宗庙会同，非诸侯而何？赤也为之小，孰能为之大？"

子路、曾皙、冉有、公西华四个人陪孔子坐着。

孔子说："虽然我年龄比你们长，但是不要因此而不敢说。你们时常说：'没有人了解我呀。'假如有人知道你们的才能了，那你们打算怎样去做呢？"

子路赶忙回答："一个拥有一千辆兵车的国家，被夹在大国中间，常

---

⑯希：同"稀"，指弹瑟的速度放慢，节奏逐渐稀疏。⑰作：站起来。⑱莫（mù）：同"暮"。⑲冠者：成年人。古代男子到20岁时行冠礼，表示已经成年。⑳浴乎沂：在水边洗头面手足。沂，水名，发源于山东南部，流经江苏北部入海。㉑舞雩（yú）：地名，原是祭天求雨的地方，在今山东曲阜。㉒唯：句首语气词，无意义。

受到其他国家侵犯，国内又闹饥荒。让我去治理，只要三年，就可以使人们勇敢善战，而且懂得礼仪。"

孔子听了，微微哂笑了一下。

孔子又问："冉求，你会怎么样呢？"

冉求答道："一个国土纵横各六七十里或五六十里的国家，如果让我去治理，三年以后，就可以使百姓丰衣足食。至于礼乐教化，就要等君子来施行了。"

孔子又问："公西赤，你会怎么样呢？"

公西赤答道："我不敢说能做得好，但是我愿意学习。在宗庙祭祀的活动中，或者在同别国的盟会中，我愿意穿上礼服，戴上礼帽，做一个小小的赞礼人。"

孔子又问："曾点，你会怎么样呢？"

此刻，曾点弹瑟的声音逐渐减慢，"铿"的一声结束，他放下瑟站起来，回答说："我想的和他们三位不一样。"

孔子说："但说无妨，各人讲自己的志向而已。"

曾晳说："暮春三月，已经穿上了春装，我和五六位成年人、六七个少年，去沂河里洗洗澡，在舞雩台上吹吹风，一路唱着歌走回来。"

孔子长叹一声说："我和曾点想的是一样的！"

子路、冉有、公西华三个人都出去了，曾晳最后走。他问孔子说："他们三人的话怎么样？"

孔子说："各自谈谈自己的志向罢了。"

曾晳说："夫子为什么哂笑仲由呢？"

孔子说:"治国要礼让,可他一点也不谦让,所以我笑他。"

曾皙又问:"那么冉求讲的是治理国家吗?"

孔子说:"怎么说方圆六七十里或五六十里不是国家呢?"

曾皙又问:"公西赤讲的是治理国家吗?"

孔子说:"宗庙祭祀和诸侯会盟,不是诸侯之间的大事又是什么?像赤这样的人如果只能做一个小司仪,那谁又能做大司仪呢?"

这是一堂以生为本的自由讨论课。自由讨论模式建立在人格平等的基础上,老师不摆架子,学生畅所欲言。这段对话充溢着民主教学氛围,师生共同无拘无束地谈论志向,孔子并不一一点评,也不像现代中国课堂给学生做个定量评价,打出分数,排出个子丑寅卯的名次,而是有所保留,充分尊重个性,除了表示自己的志向与曾皙一致外,并没有说谁的志向合理或不合理。这比当今讲究标准答案的制式化教育显然不知道要高明多少。假如不是以生为本的自由、民主、宽松,很难想象我们民族能有《论语》这部旷世奇作。

此外,从这一章里,我们读到了孔子所主张的治国理念,孔子赞成曾点的主张,曾点主张:洗洗澡,吹吹风,唱唱歌,就回来!如此怎么能算是治国?如此怎么能算是积极入世?岂不与儒家的责任感、使命感相悖离?答案没有那么简单。儒家主张"化民成俗",以教化治国,如果老百姓都教育好了,有了礼法,那便"民可,使由之",还要今天一个主张、明天一个措施干什么?这种理念与老子"太上,不知有之"的境界不谋而合。

感悟

01

02

03

04

05

06

07

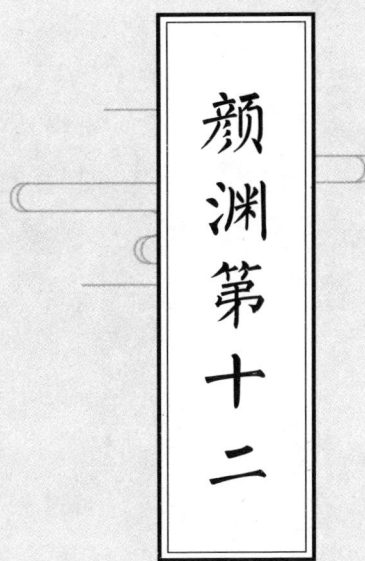

# 颜渊第十二

## 12.1 克己复礼

> 颜渊问仁。子曰:"克己复礼为仁。一日克己复礼,天下归仁焉。为仁由己,而由人乎哉?"
>
> 颜渊曰:"请问其目①。"子曰:"非礼勿视,非礼勿听,非礼勿言,非礼勿动。"
>
> 颜渊曰:"回虽不敏,请事②斯语矣。"

颜渊问如何做到仁。孔子说:"能够主动按照礼的精神去做,就是仁。一旦做到了,天下就算归于仁道。能否实行仁德,完全在于自己,难道还在于别人吗?"

颜渊说:"请问实行仁的条目。"孔子说:"不合乎礼的不要看,不合乎礼的不要听,不合乎礼的不要说,不合乎礼的不要做。"

颜渊说:"我虽然迟钝,也要照您的这些话去实行。"

礼是什么?第一,礼是秩序,也是文化。相对于孔子时代来说,周礼是传统文化。孔子以礼来规定仁,依礼而行就是仁的根本要求。礼以仁为基础,以仁来维护。仁是内在的,礼是外在的,二者融为一体,互为表里,如是才是"复礼"。这是孔子思想的核心,贯穿于《论语》始终。第二,礼制精神实质在于自我约束,属于"内律",不同于法律的"外

---

①目:条目。②事:实行。

塑"。"非礼勿视,非礼勿听,非礼勿言,非礼勿动"是自我约束,是"为仁由己",是主观努力,而不是靠外因和外力。这与后世儒学研究者王阳明的"反求诸己"的心法相似,以自己的心力约束自己,以自己的心力维护本心本性,不合礼的东西不看、不听、不说、不做,久而久之,也就符合礼的要求。第三,"克己复礼"倡导的是恢复传统文化精神,而不是礼的行为方式。礼的精神,优秀传统文化的精神,具有永恒的价值,但是礼的行为方式需要与时俱进。此外,克己复礼,也可以理解为"克己复性",因为礼的本质是"仁",是良知,克己复礼就是指能够恢复人的本性,如是,才有真正意义上的知行合一。

## 12.2　勿施于人

> 仲弓问仁。子曰:"出门如见大宾,使民如承大祭。己所不欲,勿施于人。在邦无怨,在家无怨。"仲弓曰:"雍虽不敏,请事斯语矣。"

<u>仲弓问怎样做才是仁。孔子说:"出门办事如同去接待贵宾一样端庄有礼,管理百姓如同祭祀时一样恭敬谦和。自己不愿意的,不要强加于别人。在国事中没有怨恨,在家事中没有怨恨。"仲弓说:"我虽然迟钝,也会遵照您的教诲去做。"</u>

怎样才是"仁"呢?孔子为仲弓做了诠释。从待人接物上讲,出门就像接待重要宾客一样严谨,细节见品格。管理百姓时,仿佛举行宗庙祭祀一样敬畏,百姓的利益高于一切。在价值判断上,坚持"己所不欲,勿施于人",多换位思考,自己不愿意的事情,不能强加于别人。从道德行为的结果上看,如果能做到"仁",那么在国事公事中就不会有怨恨,在家事中也不会有怨恨。现代人如能用这些准则要求自己,做到"在邦无怨,在家无怨",不怨天尤人,为自己营造一个相对宁静的心灵空间和愉悦的生活和工作氛围。如此,不也很充实、很幸福吗?

## 12.3 言为心声

> 司马牛①问仁。子曰:"仁者,其言也讱②。"曰:"其言也讱,斯③谓之仁已乎?"子曰:"为之难,言之得无讱乎?"

司马牛问怎样做才是仁。孔子说:"仁人说话慎重。"司马牛说:"说话慎重,这就叫仁了吗?"孔子说:"真做到说话慎重很困难,你刚才不就没有做到说话慎重吗?"

行为展现性格,性格决定命运。从人的行为习惯中,不难看出其性格特征。说话高声、语言尖刻、语速偏快者,往往心地不善,心胸狭窄;语调平稳、内容严谨、语速适中者,往往宅心仁厚,心胸宽广,这些虽不完全准确,但八九不离十。在学术界,有两种极端表现:一种是凭借语言的暴力,来一场疾风暴雨式的轰炸,热热闹闹,轰轰烈烈,结果是除了"痛快",没有其他收获;另一种是平心静气,娓娓道来,言之有物,言之成理,以情感人,以理服人。语言暴力倾向者,往往奸佞狡诈,缺乏内力,虚张声势;语言中正平和者,内心多数坦荡仁厚,内功深厚,以人格和学识征服人。

---

①司马牛:姓司马,名耕,字子牛,孔子的学生,《史记·仲尼弟子列传》云:"牛多言而躁,问仁于孔子。"②讱(rèn):说话谨慎。③斯:就。

## 12.4　君子不忧

> 司马牛问君子。子曰:"君子不忧不惧。"曰:"不忧不惧,斯谓之君子已乎?"子曰:"内省不疚,夫何忧何惧?"

司马牛问什么是君子。孔子说:"君子不忧也不惧。"司马牛说:"不忧愁,不恐惧,就能算是君子吗?"孔子说:"问心无愧,有什么可忧愁、恐惧的呢?"

孔子回答司马牛怎样做才是君子的问题,是具有针对性的回答,即不忧不惧、问心无愧。显然,孔子的回答也是针对司马牛此时的处境和心境给出的最佳答案:君子当心忧天下,心忧生民,心忧"德之不修,学之不讲",而不是忧虑自己的处境、得失。北宋范仲淹精准地描述了"君子之忧"的境界:一是"不以物喜,不以己悲"的情怀;二是"先天下之忧而忧,后天下之乐而乐"的理想。试想,如果家事无愧于亲,交往无愧于人,事业无愧于心,甚至以天下为己任,那么除了忧国忧民忧时势,还有什么值得忧愁和恐惧的呢?

## 12.5 四海兄弟

> 司马牛忧曰:"人皆有兄弟,我独亡。"子夏曰:"商闻之矣:死生有命,富贵在天。君子敬而无失,与人恭而有礼,四海之内,皆兄弟也。君子何患乎无兄弟也?"

司马牛忧愁道:"别人都有兄弟,唯独我没有。"子夏说:"我听说过:'死生有命,富贵在天。'君子慎重无过失,对人恭敬有礼,那么,五湖四海都有兄弟。君子何愁没有兄弟呢?"

如上章所说,孔子劝司马牛不要忧愁,不要恐惧,只要内心无愧就是君子。本章子夏同样劝慰司马牛,说只要自己的言行合"礼",就会赢得天下人的认同,就不必发愁自己没有兄弟,"四海之内皆兄弟也"。现代都市生活,同住一栋楼,甚至同住一单元且同一层楼的邻居之间都老死不相往来,如今,"远亲不如近邻"应该翻转为"近邻不如远亲"。城市化、城镇化的现代社会,如何交朋友呢?独生子女如何交朋友呢?信息化、城市化的进程中,人伦日益疏离,人情日渐淡薄,伦理如何重建,很多人很迷茫!我以为,正如雅思贝尔斯所言,当人们焦灼而不知所从的时候,我们就要回望人类文化轴心时代哲人的智慧,在中国就得回望先秦,回味孔子的智慧。孔子给出的答案仍然有积极意义:忠于职守而无过失,与人交往恭敬而有礼节、有分寸,如此,则"四海之内皆兄弟"也。

## 12.6 何谓明智

> 子张问明。子曰:"浸润之谮①,肤受之愬②,不行焉,可谓明也已矣。浸润之谮,肤受之愬,不行焉,可谓远也已矣。"

子张问怎样才算明智。孔子说:"像水润物细无声的暗中挑拨,像切肤之痛的诽谤,在你那里都行不通,可证明你明智。暗中挑拨的坏话和赤裸裸的诽谤,在你那里都行不通,可证明你有远见。"

暗中挑拨之言,直接诽谤之语,都不影响自己的判断,就是明智。中国历史上不少君王都曾经不同程度地被蒙蔽过,都曾经轻信过谣言和诽谤,残害忠良,自己也不得善终。齐桓公是春秋时期不听忠言听谗言的典型,管仲临终推荐的贤臣,齐桓公没有记住,劝他不要亲近的两大奸臣易牙和竖刁,偏偏被重用。于是在易牙和竖刁的谗言和诽谤之中,许多重臣、忠臣或被废掉、或被杀掉,最后齐桓公被易牙和竖刁活活饿死。明朝崇祯皇帝也是轻信谗言之人,把国家栋梁袁崇焕抓捕且凌迟处死,国家一夜之间轰然坍塌,自己煤山自缢,咎由自取。我的人生历程中,也见过一些领导轻信谗言和诽谤,并因此远离、排斥、打击有识之士、有志之

---

①浸润之谮(zèn):像水那样一点一滴地渗透的、不易明显觉察到的谗言。谮,谗言。②肤受之愬(sù):像皮肤感觉到疼痛那样的诬告,即当面诽谤。愬,诬告。

士、有才之士，结果众叛亲离，事业受损，仕途夭折，甚至身陷囹圄，晚景凄凉。

对待挑拨是非的谗言和诽谤的良策：不轻易相信，不轻易表态，不轻易理睬。对待喜欢听信谗言和诽谤的上位者的良策：敬而远之！

感悟

01

02

03

## 12.7 诚信无价

> 子贡问政。子曰:"足食,足兵,民信之矣。"子贡曰:"必不得已而去,于斯三者何先?"曰:"去兵。"子贡曰:"必不得已而去,于斯二者何先?"曰:"去食。自古皆有死,民无信不立。"

子贡问怎样料理政事。孔子说:"粮食充足,军备充足,老百姓信任统治者。"子贡说:"如果不得已必须去掉一项,在三项中先去掉哪一项呢?"孔子说:"去掉军备。"子贡说:"如果不得不再去掉一项,这两项中该去掉哪一项呢?"孔子说:"去掉粮食。自古以来,人都是要死的,如果失去民众的信任,国家就难以存在了。"

读此章,心情十分沉重。儒家认为,民众对统治者的信任是国家存在的根本,离开了这种信任,国家将不复存在。经历40多年改革开放,粮食有了充足的保障,军备有了很大改善,民众对政府的信任度却曾经呈现降低的趋势!信访愈演愈烈,就是基层政府公信力下降的原因。这种不信任,总体上讲源于法治不健全,源于部分公职人员贪赃枉法、以权谋私、司法不公等。于是信访人通过信访或谋求公平,或谋求正义,或谋求利益最大化;当然,不排除少数信访人以信访谋取非法利益的现象存在。随着反腐力度不断加大,公职人员队伍不断优化,乱作为、胡作为、不作为等渎职行为逐步被遏制,人民对政府的信任度开始大幅度回升。依法治国，依法执政，依法行政，依法办事，正在成为社会治理能力现代化的主旋律。随着民主、法治、自由、诚信等核心价值体系的建立，民众对公务员、对政府、对法律的信任有望逐步增强，权大于法、情大于法、人大于法的恶习有望逐步荡除。

**感悟**

01

02

03

## 12.8　表里如一

> 棘子成①曰："君子质而已矣，何以文为？"子贡曰："惜乎！夫子之说君子也。驷②不及舌。文犹质也，质犹文也。虎豹之鞟③犹犬羊之鞟。"

棘子成说："君子本质好就行了，追求那些表面纹饰干什么？"子贡说："真遗憾！先生竟这样谈论君子，一言既出，驷马难追啊。文采就是本质，本质就是文采，一样的重要啊。去了毛的虎豹的皮，就如同去了毛的犬羊的皮一样啊。"

文质彬彬必须达到内心与外表的统一，思想与文采的统一，情感与情态的统一。大而言之，作为人格特征，儒家认为内心的仁爱，要通过外在的礼仪表达出来。内外统一，文质彬彬，然后君子。小而言之，作为文章，儒家追求思想与文采的统一。再好的思想，没有精彩的形式，也不能传承，也无法传播——"言之无文，行之不远"。好的思想情感，好的文采辞章，二者融为一体，方能成就千古绝唱。

孔子儒家这种审美取向，发人深省。文采就是本质，本质就是文采。去了毛的虎豹之皮与去了毛的犬羊之皮差别不大，一如人去掉思想、感

---

①棘子成：卫国大夫。古代大夫都可以被尊称为夫子，所以子贡这样称呼他。②驷（sì）：拉一辆车的四匹马。③鞟（kuò）：去掉毛的动物皮，即革。

情、人格因素，除掉了衣服，剩下的当然也基本一样。人之高贵与卑贱、优雅与猥琐、大气与小气、正气与邪气、刚直与柔弱等，区别不在衣服，不在地位，不在贫富，而在于其信仰、理想、思想、气质等等。如此，人应当追求财富的增长、居室的华美、衣着的光鲜、外表的漂亮，还是应该追求思想的构建、理想的实现、信仰的实践、价值的沉淀、气质的养成呢？

感悟

01

02

03

## 12.9　民富国足

哀公问于有若曰:"年饥,用不足,如之何?"有若对曰:"盍彻①乎?"曰:"二②,吾犹不足,如之何其彻也?"对曰:"百姓足,君孰与不足?百姓不足,君孰与足?"

鲁哀公问有若说:"遇到了饥荒年,国家用度不足,怎么办?"有若回答说:"为什么不实行彻法,只抽十分之一的田税呢?"哀公说:"现在抽十分之二,我都还不够,怎么能抽十分之一呢?"有若说:"如果百姓用度够,您怎么会不够呢?如果百姓用度不够,您怎么又会够呢?"

儒家思想的根本在于以人为本、以民为本,体现在经济思想上就是富民思想和富民政策。由于生产力水平局限,儒家关注技术进步不够,但却重视民生,重视休养生息。儒家在社会管理上,提倡让利于民,反对与民争利。儒家的国家管理战略有三项:富民、足食、足兵。富民第一,民生第一。孔子儒家的王道理想,处处为民着想,目光短浅、穷奢极欲、惯于奢华的诸侯和既得利益集团,如何能接受孔子儒家的思想?所以,孔子周游列国不被重用,几乎是必然结局!社会最大的弊端,莫过于官与民争利,企业管理者与员工争利,既得利益集团与弱势群体争利。如果每个人都读《论语》,每个人都读懂孔子儒家的人本思想,每个人都有人本情怀,这个世界怎么会不精彩?

---

①盍:何不。彻:西周的一种田税制度,"十一而税谓之彻"。②二:抽取十分之二作为税收;这种税收是"彻"的两倍。

## 12.10 忠信不惑

> 子张问崇德辨惑①。子曰:"主忠信,徙义,崇德也。爱之欲其生,恶之欲其死。既欲其生,又欲其死,是惑也。'诚不以富,亦祇以异②'。"

子张问怎样提高道德修养,如何辨别是非。孔子说:"以忠信为主线,逐步接近道义,这样可以提高道德修养。爱某个人,渴望他活得好。厌恶某个人,恨不得他立即死去。既要他生,又要他死,这便是迷惑。正如《诗经》所说'即使不是嫌贫爱富,也是喜新厌旧'。"

儒家不仅有实用理性的传统,也有情感理性的追求。情感属于道德的维度,情感高尚是人格高尚的基础。很多人对孔子这一章引用《诗经·小雅·我行其野》中的诗句"诚不以富,亦祇以异"觉得莫名其妙。其实引用这两句诗的意思非常明确。儒家反对喜新厌旧,认为这有悖于忠信的价值追求。感情如此,道德亦如此!

---

①崇德:提高道德修养的水平。惑:迷惑,是非不明。②诚不以富,亦祇以异:这是《诗经·小雅·我行其野》的最后两句。此诗表现了一个被遗弃的女子对丈夫喜新厌旧的哀怨情绪。

## 12.11　角色强化

> 齐景公①问政于孔子。孔子对曰:"君君,臣臣,父父,子子。"公曰:"善哉!信如君不君,臣不臣,父不父,子不子,虽有粟,吾得而食诸?"

齐景公问孔子治理国家的方法。孔子说:"君主像君主,臣子像臣子,父亲像父亲,儿子像儿子。"齐景公说:"对呀!君不像君,臣不像臣,父不像父,子不像子,即使粮食很多,我能吃得上吗?"

孔子主张:君主像君主,臣子像臣子,父亲像父亲,儿子像儿子,那么这个国家就得到治理了。孔子这句话用现代管理学阐释就是定位好角色,把握好角色,扮演好角色,社会就安定了。大道至简,社会治理就这么简单。所有的角色,各正其位,各司其职,各负其责,这个社会肯定清明太平。

---

①齐景公:名杵臼(jiù),公元前547年—前490年在位,是齐国历史上在位时间最长的国君。"崔子弑齐君"中的大夫崔子杀了齐庄公后,立齐庄公年幼的弟弟做国君,是为齐景公。

## 12.12　片言折狱

> 子曰："片言①可以折狱②者，其由也与③？"子路无宿诺④。

孔子说："只听了单方面的供词就可以判决案件的，那就是仲由吧？"子路许下诺言必定急急忙忙去履行。

仲由可"片言"而"折狱"，这是为什么？有学者说子路聪明，仅凭单方面的陈述就可以作出判断。有学者说子路为人忠信，人们都信服他，有了纠纷在他面前不讲假话，所以他凭一面之词就可以明辨是非。无论哪种解释，都认同子路在刑狱方面才能卓越。从儒家的道德追求和德治理念上深入思考，有一种更准确的理解是：子路忠信，百姓忠信，所以一方陈述，即可明断。此外，此章孔子评价"子路无宿诺"，肯定是褒扬他的忠信精神和诚信态度。但是，现代社会却需要多一些沉默，少一些承诺。

---

①片言：片面之词，也叫"单辞"。打官司一般都要有原告被告，叫"两造"。②折狱：断案。③其由也与：大概只有仲由吧。④宿诺：拖了很久而没有兑现的诺言。

## 12.13 无讼境界

> 子曰:"听讼,吾犹人也。必也使无讼乎。"

孔子说:"审理诉讼案件的方法,我同别人一样。关键是必须使诉讼根本不发生。"

孔子这段话是说,审理案件我跟别人差不多,区别在于我追求的是按照先王之道治世,诉讼案件就没有了。道家提倡无为而治,认为治理天下的至高境界是"太上,不知有之",百姓不需要管理,不知道管理者是谁,不知道管理者的存在,这作为一种理想可以,要实现则很难。儒家则走另外的一条路径,通过教育感化,提升百姓的道德修养水平,让百姓懂礼、守节、遵法,而不需要通过诉讼的形式解决民事、经济纠纷。其实,这也如道家追求的理想一样,是很难达到的境界。

回溯历史,冷静思考,儒家和道家的社会治理理想都是可能实现的。封建时代的清明之世,能够"夜不闭户,路不拾遗"。一个县域地盘只需要一个县官,一个师爷(秘书长),几个当差的就够了,这个县官往往还要兼教育局局长、公安局局长、民政局局长等数十个职务。所以,回望传统,继往开来!如果教育回归本真,社会治理就自然可以接近无须诉讼解决问题的理想境界。虽然只是理想,但是有理想总比没有更好吧。

## 12.14 忠于职守

> 子张问政。子曰:"居之无倦,行之以忠。"

子张问如何料理政事。孔子说:"居官位不懈怠,执行政策要忠实。"

在岗位上不倦怠,忠实履行职责,做好本职工作。为政应如此,从教亦应如此。教育行业内部最大的难题是校长、教师的职业倦怠。校长们因为不得不承受年复一年的考试、竞赛的压力,早已被迫迷失了教育的本质追求,舍本逐末。校长不敢有个性,学校难有个性,办学鲜有特色,如此,不倦怠才怪呢!一省、一市的教师,在同一学科,使用相同的教材,使用相同的教参,甚至相同的教学辅导资料,目标的追求也单一,就是考试成绩。教育教学过程缺失了个性,缺失了创新,缺失了精神,缺失了情感,缺失了情怀,缺失了信仰,如此,不倦怠才怪呢!教师管理体制壁垒森严,幼儿园、小学、中学、大学人事互不流通,师范院校也不与中小学、幼儿园流通。叶圣陶从小学教到大学,怎么会倦怠?朱自清从中学教到大学,怎么会倦怠?陈鹤琴以大学教授的身份去当幼儿园园长,怎么会倦怠?今天的教师管理体制,硬是把老师当毛驴一样,拴在一个地方转圈几十年,不倦怠才怪,有激情才怪,有创新力才怪,能成为教育家才怪!

此外,学术缺乏自由思想机制,缺乏自由发表空间,学术会议由领导掌控,专业杂志由"学霸"垄断,教师群体失去了张扬生命激情和学术创新成果的机制、舞台、空间,这也是教师职业倦怠的一个无法回避的深层次原因。所以,消除职业倦怠需要从教育体制上动大手术。

## 12.15 博学尊礼

子曰:"博学于文,约之以礼,亦可以弗畔矣夫!"

(此章重出,见6.27。)

## 12.16　成人之美

> 子曰："君子成人之美，不成人之恶。小人反是。"

孔子说："君子成全别人的美好，而不助长别人的罪恶。小人与此相反。"

君子，在孔子儒家语境中是完美人格，是典范人格，是理想人格。在2500多年的历史长河中，君子人格已经浸润到中国人的世俗生活、政治生活和教育范畴中。世俗社会，人们以君子来称赞德高望重者；政治体制内，人们以君子称赞官员高尚的人格和官德。

教育范畴中，君子是一种理想人格，是一种具有激励作用的人格范式。"成人之美，不成人之恶"，在教育上就是：扬善强化优点，隐恶淡化缺点。做到了这一点，教育就非常成功。例如，当一个学生称赞同桌的成绩，又很嫉妒同桌的成绩时，教师受"君子成人之美"的启示，对其嫉妒心理和行为故意视而不见、听而不闻，甚至是故意装糊涂，不断表扬其"见贤思齐"的种种苗头和动向，不用太久，学生的嫉妒心理将会逐步淡化以致消失，其羡慕、追慕的心理将得以强化，朝着"见贤思齐"的方向前进。

## 12.17 以身作则

> 季康子问政于孔子。孔子对曰:"政者,正也。子帅以正,孰敢不正?"

季康子向孔子问政治之道。孔子回答说:"政就是正。您以身作则走正路,谁敢不走正道呢?"

"为政以德"不是跟法治对立,而是为政者必须以身作则。如是,则社会走向清明,这是理想也是期待。"为政以德"是中国文化中最宝贵的管理学智慧,要求上位者充分发挥非权力因素的影响力,以自己高尚的人格和身先士卒的榜样,去教育人、凝聚人、影响人、改变人,进而改变社会风气。"为政以德"用在教育方面,就是校长要做教师的道德与人格的楷模,教师要做学生的道德和人格的楷模,家长要做孩子的道德和人格的楷模!

## 12.18　季子之忧

> 季康子患盗，问于孔子。孔子对曰："苟①子之不欲，虽赏之不窃。"

季康子苦于盗匪成患，问孔子怎么解决这个问题。孔子回答说："如果您不贪，即使奖励，他们也不会偷盗。"

本章同样是孔子谈论为官从政之道。季康子如果自己不贪财物，即使奖励偷盗也不会有人干这行当。上位者做出了榜样，百姓则知道偷盗可耻。"窃钩者诛，窃国者侯"确实是历史的逻辑。如果有上位者不知廉耻，却要求下位者讲廉耻，何其荒唐！如果有上位者贪得无厌，却要求下位者廉洁从政，何其荒唐！如果有上位者已然贪腐成性，却天天在谋划如何把那些不染纤尘的好官当贪官整治，何其荒唐！季子之忧应当不是盗贼，而是心中贪婪之贼！

---

①苟：如果。

## 12.19　君子德风

> 季康子问政于孔子曰:"如杀无道,以就有道,何如?"孔子对曰:"子为政,焉用杀?子欲善而民善矣。君子之德风,小人之德草,草上之风①,必偃②。"

季康子问孔子如何为政,说:"如果杀掉无道的人,重用有道的人,怎么样?"孔子说:"您治理政事,哪里用得着杀戮呢?您想行善,老百姓就会跟着行善了。居于上位者的品德好比是风,居于下位者的品德好比是草,风往哪个方向吹,草就跟着往哪个方向倒。"

本章的君子指上位者,在儒家的理想政治中,处于上位的君子应当是道德高尚者,应当是民众的楷模。孔子的"君子之德风""小人之德草"都是比喻,强调的是上位者的道德示范和教化作用。无论是民主政治还是非民主政治,上位者的示范作用都非常重要,有了示范作用才有外塑能力,仅仅依靠外力塑造理想人格,并赖此改变社会当然绝无可能。

如何改变中国当代社会面临的难题呢?仅仅依靠传统儒学,只能解决人本、人文、人心、人性的问题,可以解决中国人价值与信仰迷失与缺失的问题,可以为中国人建立精神家园,但是却不能从操作层面解决中国面临的社会问题,这就需要走新儒学三圣"援西入儒"的路径。对于西方文化中的优秀成分,中国有勇气、有信心引入,并为我所用。

---

①草上之风:风吹于草上。②偃:倒。

## 12.20 闻达邦家

> 子张问:"士何如斯可谓之达矣?"子曰:"何哉,尔所谓达者?"子张对曰:"在邦必闻,在家必闻。"子曰:"是闻也,非达也。夫达也者,质直而好义,察言而观色,虑以下人。在邦必达,在家必达。夫闻也者,色取仁而行违,居之不疑。在邦必闻,在家必闻。"

子张问:"士怎样做才可以算成功呢?"孔子说:"你说的成功是什么意思?"子张答道:"在国内有名望,在族内有声望。"孔子说:"这是虚名,不是通达。所谓通达,那是品质正直,遵从礼义,认真倾听且温和看着倾诉者,善待下人。这样的人,在国家通达,在族内也通达。至于有虚名的人,外表装出仁而行为却违背仁,以仁人自居不惭愧。这样的人,在国家浪得虚名,在族内也赢得虚名。"

孔子提出了相互对立的"闻"与"达"。"闻"是虚假的名声,并不是通达;而"达"则要求士大夫必须从内心深处具备仁、义、礼的德性,注重自身的道德修养,而不是追求虚名。"闻""达"合起来,就是道德修养境界很高,社会贡献很大,在社会和宗族获得广泛认可。如此境界,何其艰难!若能闻达,何其荣耀!由于体制的局限,很多人讲话做事,不用负责任,什么话都敢说,什么牛皮都敢吹,什么坏事都敢做,因为无须对历史负责,也无法追究其历史责任,其更不会自觉追究良心的责任。随着改革的进一步深入,这种现象将会越来越少,有望在不久的将来基本根除!

## 12.21　实事进德

> 樊迟从游于舞雩之下，曰："敢问崇德、修慝①、辨惑。"子曰："善哉问。先事后得②，非崇德与？攻其恶，无攻人之恶，非修慝与？一朝之忿，忘其身，以及其亲，非惑与？"

樊迟陪着孔子在舞雩台下游玩，说："请问如何提高品德、改正邪念、辨别迷惑。"孔子说："问得好啊。做实事积累经验，不就是提高品德吗？纠正自己的缺点，而不攻击别人的缺点，这不就是改正自己的邪恶吗？因一时气愤，忘记了自己的身份，不顾及亲族，不就是迷惑吗？"

这一章讲的是做实事、长才干、增德行。第一，做实事可以增进德行。无论是道德认知的体悟，道德情感的培养，道德意志的强化，还是道德行为的端正，都需要以实践为载体。比如热爱劳动的品质，如果自身没有享受过劳动的快感和欢乐，如何有热爱劳动的道德修养和境界？第二，纠正缺点，同时不攻击别人的缺陷，才能去掉邪恶的念头。读到这里，可以印证"攻乎异端，斯害也已"的正确理解是"攻击其他学派的学说，那是非常危险的"，而非"学习其他学派的学说，那是非常危险的"。第三，作为社会人，要有责任感。对自己负责，对亲人负责，然后才会对社会负责。做实事增进德行，改正缺点不指责别人的缺陷，克服冲动不至于迷惑；做好这3件事，不容易。

---

①慝（tè）：邪念。②先事后得：先致力于做事，利禄自然而然会有。

## 12.22 仁与智

樊迟问仁。子曰:"爱人。"问知。子曰:"知人。"

樊迟未达。子曰:"举直错诸枉①,能使枉者直。"

樊迟退,见子夏,曰:"乡②也,吾见于夫子而问知,子曰'举直错诸枉,能使枉者直',何谓也?"

子夏曰:"富哉言乎!舜有天下,选于众,举皋陶③,不仁者远矣。汤④有天下,选于众,举伊尹⑤,不仁者远矣。"

樊迟问如何做到仁。孔子说:"爱人。"樊迟问什么是智,孔子说:"识人。"

樊迟还是不明白。孔子说:"选拔正直的人放在邪恶的人的上位,能使邪者归正。"

樊迟退出来,见到子夏说:"刚才,我求见老师,问他什么是智,他说'选拔正直的人放在邪恶的人的上位,能使邪者归于正直',这是什么意思啊?"

子夏说:"这话说得深刻啊!舜得天下,在众人中挑选人才,选拔了皋陶,不仁的人渐渐少了。汤得天下,在众人中挑选人才,选拔了伊尹,

---

①错,同"措",放置。诸,之于。枉:与"直"相对,邪恶。②乡(xiàng):同"向",过去。③皋陶(yáo):传说是舜时掌握刑法的大臣。④汤:商朝的第一个君主,名履。⑤伊尹:商朝第一个国君汤的宰相,曾辅助汤灭夏兴商。

不仁的人渐渐少了。"

　　孔子和助教子夏教导樊迟两个问题：仁和智。关于仁，孔子给樊迟的解释与别处不同，说是"爱人"，实际上孔子在各处对仁的解释都有内在的联系。他所说的"爱人"，包含有古代的人文主义精神。把仁作为他全部学说的对象和中心。正如学者张岂之所说，儒学即仁学，仁是人的发现。关于智，孔子认为是识人，就是选拔正直的人放在邪恶的人的上位，使邪者归正。而樊迟对孔子这句话不甚理解。深得孔子真传的学术传人子夏做了补充：舜得天下，在众人中挑选人才，选拔了皋陶，不仁的人渐渐少了；汤得天下，在众人中挑选人才，选拔了伊尹，不仁的人渐渐少了。现代社会，无论是企业管理，还是社会管理，抑或是教育管理，都应当把正直的人放在邪恶之人的上面，这样才能使品行不端者逐步转变成好人，如果相反，把邪恶的人置于正直的人上面，情况就非常糟糕，局面就不可收拾，教育就一溃千里！我在主政一方教育的时候，坚守"学校中层及以上干部必须是教育教学工作出类拔萃者"的底线，坚守这一底线，就算是无为而治，教育也会蒸蒸日上；这种坚守有孔子儒家的影响。

## 12.23 不可则止

> 子贡问友。子曰:"忠告而善道之,不可则止,毋自辱焉。"

子贡问朋友之道。孔子说:"忠诚地劝告他,好好地引导他,如果他不肯听从,就先停止规劝,不要自取其辱。"

在人伦关系中,"朋友"一伦最松弛。朋友之间讲求一个"信"字,这是维系双方关系的纽带。对待犯错的朋友,坦诚劝导,推心置腹,讲明利害,如果朋友坚持不听,也就作罢。如果别人不听,你一再劝告,就会自取其辱。这是交友的基本准则,因为执着,很多人都曾经有自取其辱的尴尬。其实,孔子所讲,蕴含了对人的主体性的承认和尊重。儒家的政治理念和教育理念、教育思想,都是建立在这种对人作为主体的承认和尊重的基石上。劝勉朋友出于友谊和道义,听与不听却是朋友的权利。仔细思考,这句话中还有君子的自律:无固。不要太固执,太执着,要相信朋友。

清末志士谭嗣同认为朋友这一伦最值得称赞,他甚至主张用朋友一伦改造其他四伦。谭嗣同的观点,蕴含了孔子儒家的智慧:"君子敬而无失,与人恭而有礼,四海之内皆兄弟也!"血缘兄弟的纽带是亲情,非血缘朋友的纽带是道义,是共同的信仰,是共同的思想和主张。

## 12.24　以文会友

> 曾子曰："君子以文会友，以友辅仁。"

曾子说："君子以文章学问来和朋友交流，以朋友辅助自己提高仁德修养。"

曾子继承了孔子的思想，主张以文章学问作为结交朋友的载体，以互相帮助、培养仁德作为结交朋友的目的，这是君子所为。以文会友，以文交友，道义相勖的朋友在现实社会已经成为奢侈品。体制内外，有的是利益博弈；成人世界，多的是利益交换；群体之内，追求的是利益增生；人与人之间，琢磨的是利益多少。权力崇拜和金钱崇拜，已然侵入骨髓，成为最严重的两颗毒瘤，正在腐蚀着人们的灵魂！单纯依靠教化根治这种社会病，非常困难。中华民族的伟大复兴，需要"以文会友，以友辅仁"的社会文化场域，需要高雅文学和艺术的普及，需要构建优美、优雅、优秀、优化的文化场域。这需要从未成年人抓起，需要从基础教育抓起，需要全民族的人文精神教育，尤其需要优秀传统文化的教育。

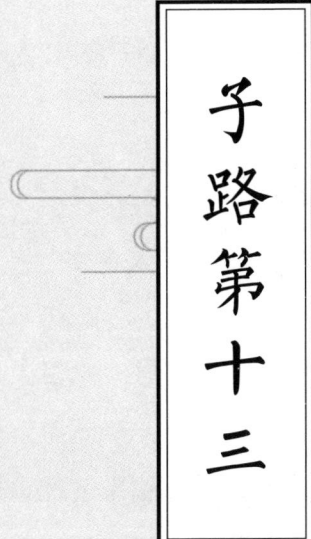

子路第十三

## 13.1 为政要诀

> 子路问政。子曰:"先之①,劳之。"请益。曰:"无倦②。"

子路问政治。孔子说:"以身作则,使老百姓勤劳。"子路请求多讲一点。孔子说:"不要懈怠。"

孔子强调"政者,正也",所以为官者有做出榜样的职责。"先之,劳之",为官者有一个职责就是通过引导和示范使百姓勤劳。除此之外,还要永远不懈怠。儒家管理思想与道家管理思想本质上的相同点是把复杂的问题简单化。依照孔子的主张,管理一个领域,管理一个地方,做好三件事情就可以了:一是自己做出榜样;二是使下属或百姓勤劳;三是认准道路并坚持不懈走下去,不朝令夕改。

真的那么简单吗?是的。比如校长要管理好学校,要率先垂范,要求教师做到的自己先做到;其次,想办法让教师忠于职守,勤于学习、思考、研究、教学;三是校长和教师都要享受教育的快乐,永无职业倦怠。比较遗憾的是,现代中国的社会管理与孔子的主张正好相反,选择的是把简单的问题复杂化的路径,把社会管理职责泛化,所以导致公职人员不堪重负。体制内一些人面对某些领域的"自然"状态,本能反应是"缺位了,失控了"。所以导致要去管理那些原本不需要管理的领域,在不需要

---

①先:引导,先导。之:指老百姓。②倦:厌倦,松懈。

权力的地方建立权力，用权力去经营利益。

孔子开民办教育先河，让教育独立于体制之外，让教育摆脱陈腐体制、机制的制约，让教育奏响人本主义、人道主义、人文主义的旋律。孔子是校长，也是教师，孔子之上没有教育局局长，没有教育厅厅长，没有教育部长，真正实现了教育家办教育。正因为如此，才成就了孔子伟大教育家的地位。

民国时期大学发展得很好，与政府的放权有一定关系。蔡元培主政北京大学、梅贻琦主政清华大学、张伯苓创办和主持南开大学等，都是因为军阀混战，无暇顾及大学，大学才得以高速发展。20世纪30年代后期至40年代中期是中国大学发展的第二个高峰。当时政府集中力量抗战，把办学自主权完全交给了学校，所以才有西南联大的奇迹，才有东方剑桥——浙江大学的发展。

孔子的办学实践和民国教育历史告诉我们，教育管理本质在于方向，而非事无巨细地越俎代庖。当校长和教师有信仰、有理想、有思想、有情怀、有激情，自然会有成功的教育。每思于斯，心情总是不能平静！

## 13.2　管理要诀

> 仲弓为季氏宰，问政。子曰："先有司①，赦小过，举贤才。"曰："焉知贤才而举之？"子曰："举尔所知。尔所不知，人其舍诸？"

仲弓做了季氏的家臣，问怎样管理政事。孔子说："先责成手下各负其责，赦免他们的小过错，选拔贤才。"仲弓又问："怎样认识贤才并选拔出来呢？"孔子说："选拔你所知道的，你不知道的贤才，别人难道就会埋没他们吗？"

子路问的是政治，仲弓问的是管理。如何当好季氏的家臣呢？一是明确职责。各在其位，各谋其政，各司其职，各负其责。二是不计小过。"水至清则无鱼，人至察则无徒"，想部下个个完美无瑕，称心如意，那就只好什么事情都自己做了。三是选拔贤才。选择贤能君子，天下归心。我常常讲，《论语》是伦理哲学、教育哲学、方法论，读懂了，读通了，读透了，融会贯通了，许多生活、工作、教育等方面遇到的问题，就会迎刃而解。此言非虚，乃真实感受！

---

①有司：具体负责的官吏。

## 13.3　名正言顺

> 子路曰:"卫君①待子而为政,子将奚②先?"子曰:"必也正名③乎。"子路曰:"有是哉,子之迂④也。奚其正?"子曰:"野哉,由也。君子于其所不知,盖阙⑤如也。名不正,则言不顺;言不顺,则事不成;事不成,则礼乐不兴;礼乐不兴,则刑罚不中;刑罚不中,则民无所错手足。故君子名之必可言也,言之必可行也。君子于其言,无所苟而已矣。"

子路对孔子说:"卫国国君想让您治理国家,您打算先做哪些事情呢?"孔子说:"必须正名分啊。"子路说:"这样行吗?太迂腐了吧。怎么正名分呢?"孔子说:"粗野啊,仲由。君子对不知道的事情,常常存疑沉默。名分不正,说话就不顺理成章;说话不顺理成章,事情就不能成功;事情办不成,礼乐就不能复兴;礼乐不能复兴,刑罚就不能适当;刑罚不当,百姓就不知所措了。所以,君子(上位管理者)在其位必能讲出道理来,讲出道理就一定行得通。君子对自己的言行从不苟且。"

本章讲述儒家管理学。"名"在那个时代的含义是"字","名不正"即是说"字的含义不明确",引申为角色定位不清,职责不明,事权不明。"正

---

①卫君:卫出公,名辄,卫灵公之孙。②奚(xī):什么。③正名:即正名分。④迂:迂腐。⑤阙(quē):同"缺",存疑的意思。

名"的具体内容包括"君君,臣臣,父父,子子"在内的明确对象、内涵和相关职责等,只有"名正"才可以"言顺",接下来的事情就迎刃而解了。

孔子这段话的核心思想,在现代语境中可以简单理解为:治理国家首先要做的事情,就是明确各级主管部门的岗位角色和所要推进的工作。如果角色混乱,责任界限不明确,协调交流就不顺,甚至乱政迭出,就无法推进相关工作,就无法复兴礼乐,刑法执行就不当,老百姓就不知所措。其实就以我在基层历练的经验看,由于"名不正",很多政策和制度,变成阻碍社会经济文化发展的制约因素,原本很好的工作生态,突然来一个莫名其妙的"规范",且这个"规范"离实际工作的需求太远,无可操作性,最终成了"鼓励"大家不干活的文件。

处在上位的君子,要注意明确角色和责任界限、事项分类,部署的工作能够讲出道理,能够行得通;处在上位的君子,要慎言慎行,不可以信口开河。东西方管理都是层级管理,下级服从上级,如果上位者不懂装懂又好为人师,则必然朝令夕改,基层和群众就会无所适从。中国优秀传统文化背后还有如厚黑学之类的劣质文化,加上对孔子儒学思想的变异和扭曲,导致上位者习惯自以为是,下位者习惯唯命是从,如是,每当上位者出现重大决策失误,下位者唯上不唯实,往往给事业甚至给国家带来严重的损失。今天读儒家的管理学智慧,依然如冷水浇背,当头棒喝!

## 13.4 樊迟学稼

> 樊迟请学稼。子曰:"吾不如老农。"请学为圃①。曰:"吾不如老圃。"樊迟出。子曰:"小人哉,樊须也。上好礼,则民莫敢不敬;上好义,则民莫敢不服;上好信,则民莫敢不用情②。夫如是,则四方之民襁负其子而至矣,焉用稼?"

樊迟请教如何种庄稼。孔子说:"我不如老农。"樊迟又请教如何种菜。孔子说:"我不如老菜农。"樊迟退出以后,孔子说:"樊迟是个小人。在上位者重视礼,老百姓就不敢不敬畏;在上位者重视义,老百姓就不敢不敬服;在上位者重视信用,老百姓就不敢不真诚待人。做到这样,四面八方的老百姓就会背着自己的小孩来投奔,哪能靠在上位的人亲自去种庄稼呢?"

孔子认为,社会管理的关键在于做好三件事:

一是讲礼仪。礼仪是约定俗成的行为规范,是族群文明素质的最重要的标志,某一族群是否文明,未必是看他们是否懂法律,也未必是看他们读了多少书,而是看其遵守礼仪的状况。中国号称礼仪之邦,如今很多人却丢失了礼仪传统。令人担忧的是,现在依然没找到我们重建东方礼仪的正确路径。

---

①圃:菜地。②用情:以真心实情来对待。

二是讲诚信。人与人之间要讲诚信，族群与族群之间要讲诚信，个人与族群之间要讲诚信，集团与集团之间要讲诚信，民众与国家之间也要讲诚信。只有讲诚信，才能获得信任。执政党与民众、国家与民众、政府与民众相互信任，民众幸福指数就很高，国家发展态势就很好！相反，这种信任出现危机，政府诚信就受到质疑，执政党地位就会受到冲击，国家就处在危险之中。

三是讲正义。公平、正气、同情和照顾弱者等都属正义的范畴。现代社会讲公平，也倡导正义，但是对弱者的同情、照顾却做得非常有限。城市的文明不在于高楼，不在于生产总值，而在于人文关怀！

樊迟问稼这段，不能证明孔子轻视劳动技术。一是农耕文明初级阶段，农业技术不需要以教学方式传授。需要传授的，如驾车技术，孔子已经列入必修课。二是孔子批评樊迟"小人"，也只是说他胸无大志，并不能说明种庄稼、种菜的就是"小人"。孔子办学，不是培养种庄稼或种菜的农民，不是培养花匠或绿化技师；所以，孔子坦率承认，我种粮种菜不如农民，种花不如园丁。孔子办学的目的是培养精英，以精英传承文化，传播文化，改变社会。在孔子看来，学好礼仪，讲求信义，天下归心，大事可成。孔子对自己的教育理想充满自信！

## 13.5 诗教追求

> 子曰:"诵《诗》三百,授之以政,不达①;使于四方,不能专对②。虽多,亦奚以③为?"

孔子说:"就算《诗经》三百篇熟读成诵,但是让他处理政务,却办不成;让他出使别国,却不能独立地与对方交涉。那么背得再多,又有什么用呢?"

《诗经》,是孔子教授学生的重要内容。《诗经》属于言语科的内容,但是,孔子传授《诗经》的目的,却不全在于言语,主要在于"兴、观、群、怨"和"迩之事父,远之事君",即其目的在于培养学生高尚的情感(兴)、拓宽视野(观)、学会与人相处(群)、批评社会(怨),同时也通过《诗经》培养学生忠君孝亲的伦理精神。所以,诗经涵盖的内容甚广,包括爱情教育、伦理教育、政治教育、历史教育、责任教育、国情教育等。孔子开诗教先河,诗教是中国教育的宝贵传统,传承优秀传统文化,宜恢复且坚持!

---

①达:通达,即会运用。②专对:独立对答、应对。③以:用。

## 13.6　身教为重

> 子曰:"其身正,不令而行;其身不正,虽令不从。"

孔子说:"自身正了,即使不发布命令,老百姓也自然会去做;自身不正,即使发布命令,老百姓也不会服从。"

无论古代抑或当代,无论东方抑或西方,也无论是教育系统抑或非教育系统,孔子的这种观念都具有永恒的价值。自己正派,不下命令,下属也会尊道、尊礼而行;自己不正派,发布命令也没有人执行。要"言传",更要"身教","身教"重于"言传"。对教师的教育,对学生的教育都是如此。

20 世纪 90 年代初期,我被安排到一所操场长满草、校风和教学质量颇差的区属中学做校长。别人问我用多长时间可以改变学校的面貌,我说:"物质面貌可能需要两到三年,精神面貌只需要一个学期。"26 岁的我,面对绝大部分是长者的教师群体,如何才能带好这个队伍呢?我选择"其身正,不令而行",借助自己在学科教学的影响力,公开承诺和倡导"我的任何一堂课,对任何人开放",同时动员老师们践行"任何一堂课,对任何人开放(当然包括对校长开放)"。教师是善良的知识分子团体,很快他们如我一样,有了"任何一堂课,对任何人开放"的自信和精彩,很快他们如我一样把学习作为生活方式、工作方法、生命状态,很快他们如我一样成为手不释卷的读书人,很快他们也如我一样成为教育教学研究的自觉者。更令人骄傲的是，这种示范效应很快改变了学生的精神风貌，改变了学风，改变了校风。结果一年之内，学校在教育质量评估中名列前茅。20世纪90年代，我因为种种机缘，成为广东民办教育的拓荒者，把"任何一堂课，对任何人开放"的理念带到了广州外国语学院附设外语学校。2013年我又成功地把这一理念传递给其他学校。

教师教育学生也是如此。师生近距离接触，近距离交流，学生接受的不仅是"言传"，还有"身教"，更有教师的情感、态度、价值观等多维度的辐射，有教师人格"磁场"、生命"磁场"的"磁化"和滋养。所以，中小学教师像大学教授那样"裸教"，是基础教育的误区；疯狂建造大学城，盲目扩招，剥夺了师生互动的机会和权力，是高等教育的悲哀。

## 13.7　兄弟之国

> 子曰:"鲁卫之政,兄弟也。"

孔子说:"鲁和卫两国的政治,就像兄弟之间的事情一样。"

鲁国是周公姬旦的封地,卫国是康叔的封地,周公姬旦和康叔是兄弟,当时两国的政治情况有些相似。所以孔子说,鲁国的国事和卫国的国事,就像兄弟一样。

孔子的感叹至少有三重意味:一是感叹周王朝的没落,有"黍离之悲"。二是哀其不幸,覆巢之下无完卵,两国如同兄弟,处境亦如兄弟,每况愈下。鲁国遭遇了三家瓜分之后,又遭遇齐国、宋国、楚国的觊觎,内忧外患,国无宁日。卫国境况大同小异,卫成公时险些被晋国灭掉,卫献公又被大臣驱逐,随后卫庄公、卫出公父子争位。三是怒其不争。孔子感叹鲁国、卫国既没有传承周朝文化,也没有改革,走出一条新路。孔子赞扬管仲,赞扬的就是管仲的改革精神,认为管仲属于"仁人",就是对其改革的肯定。"兄弟之国"的哀叹声中充满对改革的期盼。

## 13.8 适可而止

> 子谓卫公子荆①:"善居室②。始有,曰:'苟合③矣。'少有,曰:'苟完矣。'富有,曰:'苟美矣。'"

孔子谈到卫国的公子荆时说:"他善于管理经济,居家理财。刚开始有点财物,他说:'差不多够了。'稍微多点时,他说:'差不多完备了。'更多点时,他说:'差不多完美了。'"

本章内涵有二:一是儒家并不崇尚奢华,适可而止,符合中庸之道;二是儒家崇尚精神生活,物质生活始终处第二位。人是精神动物,思想的交流,思想的创造,思想的传播始终占有重要地位。人是情感动物,情感的发生,情感的交流,情感的共振,情感的愉悦享受,在人的生活中也占有重要地位。人是社会动物,被认识,被认可,被尊重,是很大的成功,让人感到满足。这就是为什么孔子赞扬卫国公子荆"适可而止"的家庭经营管理原则的深层原因。儒家适可而止的治家理念,可以遏制人无限的贪欲。反贪肃贪,"苍蝇""老虎"一起打,效果不错,但标本兼治,尚需时日,因为剔除心中的贪欲,非一夕之功。

---

①卫公子荆:卫国大夫,字南楚,卫献公之子。②善居室:善于管理经济,居家过日子。③苟:差不多。合:足够。

## 13.9　富民教民

> 子适卫，冉有仆①。子曰："庶②矣哉。"冉有曰："既庶矣，又何加焉？"曰："富之。"曰："既富矣，又何加焉？"曰："教之。"

孔子到卫国去，冉有为他驾车。孔子说："人口真多呀。"冉有说："人口多了又该做什么呢？"孔子说："让他们富裕起来。"冉有说："富裕了，又该做些什么呢？"孔子说："让他们接受教育。"

富民为先还是教民为先？显然儒家认为必须先富民，然后才教民。正所谓"仓廪实而知礼节"，大家都饿着肚子，知礼节可以，讲礼节恐怕连体力都没有。在今天的语境中，儒家富民教民其实就是"物质文明是基础，精神文明是追求"。

改革开放40多年，我国人均国民生产总值已经开始接近中等发达国家水平。如果按照美国人测算的购买力，中国已经够得上中等发达国家水平。富民的任务基本完成了，教民却任重而道远。

2017年我国从国家层面部署了中华优秀传统文化传承发展工程，这是文化自觉、文化认同、文化自信、文化复兴的开始，也是实现中华民族伟大复兴的序幕！

---

①仆：驾车。②庶：众多。

## 13.10  三年有成

> 子曰："苟有用我者，期月①而已可也，三年有成。"

孔子说："如果用我，一年可以初见成效，三年就有成就。"

强烈的使命感和责任感，是儒家的显著标志。积极入世，积极作为，积极推动社会发展，是儒家孜孜不倦的追求。孔子的自信在于"以德治国，以礼治国，以仁治国"。当然，从"片言可以折狱"的赞许来看，儒家从来都没有排斥法治，只不过认为法治是辅助手段，而不是目的。孔子的自信也在于自己的政治实践，做中都宰可以做成典范，做鲁国司寇可以做到让邻国紧张和嫉妒，所以孔子说一年初见成效，三年大见成效，绝非夸口。

蔡元培主政北大，一年初见成效，三年使之成为中国第一校和世界名校。很多社会人士迷信百年老校，对历史相对短的学校不屑一顾。也有很多教育界人士，对自己缺乏信心，不敢挑战百年老校。学校有历史、有传统、有名气，是无形资产，是文化优势，当然可喜可贺；但为了迎合社会对悠久历史的盲目崇拜，很多大中小学挖空心思伪造办学历史，大江南北，非常普遍，非常可悲。学校历史不是学校的核心竞争力，孟子说："所谓故国者，非谓有乔木之谓也，有世臣之谓也。"受此启发，梅贻琦

---

①期月：一整年。

说：“所谓大学者，非有大楼之谓也，有大师之谓也。”学校的核心竞争力是大师。当无法改变历史的时候，办学者需要改变自己和现实，需要有超越自我的精神和超越他人的勇气。超越的捷径就是让师资队伍快速成长起来，快速成长的有效办法是改变教师的职业状态和生命状态。如果校长是卓越的，教师是优异的，思想是科学的，理念是先进的，管理是高效的，文化是优秀的，这样的学校是当之无愧的名校。

　　蔡元培主政北大，时间颇短，但是却开中国高等教育新风；中国人民抗日军政大学历史短、条件差，但是可以超越黄埔军校；西南联大办学条件极为艰苦，却成为中国高等教育的一座丰碑；中国科技大学历史也不长，但是对于中国科学技术的贡献令中国当代其他大学难望其项背。历史悠久，当然可喜！没有历史，何必自卑？依赖历史不如创造历史！

## 13.11　诚哉斯言

> 子曰："'善人①为邦百年，亦可以胜残去杀矣。'诚哉是言也！"

> 孔子说："'内心慈爱的人治理国家如果达到一百年，基本就可以消除残暴，废除刑罚杀戮了。'这话真对呀！"

孔子说，善人治国100年，可以"胜残去杀"，达到理想的境界。为何要经历100年呢？因为春秋无义战，破坏的不仅有政治体制，还有伦理基础、礼乐体系等，要重建礼乐文化，重建伦理体系，绝非10年、20年那么简单。

1919—1949年，中国人砸烂了一个旧世界，洗去了汉宋以来诸多伪儒学造成"严时袖手谈心性，临危一死报君王"的懦弱，涤尽了宋明以来尤其是清朝统治下导致的国家民族的积弱不振，为中华民族的腾飞赢得了一场凤凰涅槃的新生。但是，因为诸多历史因缘和社会多次转型的冲击，我们时至今日尚未完成文化重建、伦理重建、价值重建的历史使命，民粹主义滋生，网络暴力几乎成常态，要建立新的人文主义精神，或许尚需要数十年工夫。孔子说100年才可以消除残暴与杀戮，不是消极言论，而是客观规律。

文化复兴，匹夫有责！仁以为己任，任重道远！

---

①善人：宅心仁厚之人，心中慈悲之人，包容博爱之人。

## 13.12 世而后仁

> 子曰:"如有王者,必世而后仁。"

孔子说:"如果有王者兴起,定需三十年才能大兴仁政。"

商汤灭桀,武王伐纣,血流漂杵,史学界称之为"汤武革命"。虽然商汤、武王都是王者,但是面对无道昏君,面对社会的黑暗,不能不选择流血革命。革命之后,洗涤杀伐之气,建立一个清明社会,没有30年真的不行。如果不是商汤、武王这样的王者取得天下,不要说30年达到仁政的效果,维持30年都困难。历史上秦二世15年而亡,太平天国14年而亡,都是不行教化、不行仁政且走极端的结果。改变人的思想,改变人的观念,改变人的习惯,创造充满人文精神的现代文明,30年时间未必够用吧!

## 13.13　正身正人

> 子曰:"苟正其身矣,于从政乎何有?不能正其身,如正人何?"

孔子说:"如果端正自身,治理政事有什么困难?不能端正自身,怎能端正别人?"

重要的问题讲三遍,《论语》中对"正身正人"的问题,从很多角度讲了很多次,足见孔子儒家的重视,也足够引起我们的重视。《论语》是中国伦理的哲学源头,是中华文明的底色,是中国价值体系的钢结构,是中国之为中国的标志性的文化基因,是中国人之为中国人的显著性的人格基因,是中华文明最核心的文化精神支撑。我此生宏愿便是让《论语》走进家庭,让《论语》走进课堂,让《论语》融入人心,让《论语》重塑中华文明。或许很多人不以为然,但我依然执着。仅以孔子儒家"正身正人"的理念而论,假如每个官员都能成为百姓的榜样,假如每个教师都能成为学生的榜样,假如每个家长都能成为孩子的榜样,假如每个长者都能成为后生的榜样,假如每一个上位者都能成为下位者的榜样,而又假如每个后生、下位者又都有超越自我、超越他人、超越历史的理想和追求,清明之世还会远吗?大同之世还会远吗?

## 13.14　清议滥觞

> 冉子退朝。子曰:"何晏①也?"对曰:"有政。"子曰:"其事也?如有政,虽不吾以,吾其与闻之。"

冉求退朝回来。孔子问:"为何这么晚呢?"冉求说:"有政事要处理。"孔子说:"只是季氏的家务事吧?如果有政事,虽然国君不用我了,我也会知道。"

孔子不在其位,却谋其政,这是儒家以天下为己任的清议作风的源头,也是儒家入世情怀的伦理源头。孔子一是给冉求的工作定性,冉求为季氏的家臣,忙的肯定是他的"家事",充其量是事务,不是政务。二是孔子作为道德高尚者,虽足不出户,但能知天下事,何况是鲁国的事情。三是孔子虽然被迫"退出江湖",但依然心忧天下,这是孔子的可贵,也是儒家的可贵。除了人本、人道、人文外,儒家另一个显著标志是积极参与社会事务,积极改造社会,积极推动社会向前发展。即便不能直接参与政治,也会通过"清议"来促进社会改革发展。我重注《论语》,应该也有"清议"的趣向吧!

---

①晏:迟,晚。

## 13.15　一言兴邦

> 定公问:"一言而可以兴邦,有诸?"
> 
> 孔子对曰:"言不可以若是,其几①也。人之言曰:'为君难,为臣不易。'如知为君之难也,不几乎一言而兴邦乎?"
> 
> 曰:"一言而丧邦,有诸?"
> 
> 孔子对曰:"言不可以若是,其几也。人之言曰:'予无乐乎为君,唯其言而莫予违也。'如其善而莫之违也,不亦善乎?如不善而莫之违也,不几乎一言而丧邦乎?"

鲁定公问:"一句话可以使国家兴盛,有这样的话吗?"

孔子答道:"语言的作用不可能这么高,但是比较接近。有人说:'做君难,做臣不易。'如果知道做君难,这不就是一句话可以使国家兴盛吗?"

鲁定公又问:"一句话可以亡国,有这样的话吗?"

孔子回答说:"语言的作用不可能这么高,但比较接近。有人说过:'我做君主并不高兴,令我高兴的只有我所说的话没有人敢违抗。'如果他说得对而没有人违抗,不也好吗?如果他说得不对而没有人违抗,那不就差不多一句话可以亡国吗?"

---

①几:几乎,接近,近似。

"一言兴邦，一言丧邦"，极言语言力量之大。孔子认为，一句话可以亡国或许过分了，但是促使国家败亡倒是真有可能。"如不善而莫之违也"，那么君主任何一句话都可以丧邦。南宋赵构十二道金牌命岳飞"班师回朝"，朝臣不敢直谏，岳飞不敢违抗——岳飞显然接受的是伪儒学教育，所以南宋灭亡也是必然的。皇太极实施反间计，让崇祯皇帝相信袁崇焕与清军之间有密约，于是下令逮捕袁崇焕并将其凌迟处死，袁崇焕在行刑前遗言："一生事业总成空，半世功名在梦中。死后不愁无勇将，忠魂依旧守辽东。"皇帝一句话便能将忠贞之士处以极刑，说得不对却没有人违抗，最终落得丧命丧国的下场，这是最典型的"一言丧邦"的例子。反之，认识到"为君难，为臣不易"，做到"君君，臣臣"，国家可以兴旺。君臣同心同德，王朝必定兴盛，唐太宗治下的盛唐就是经典案例。

## 13.16  叶公问政

> 叶公问政。子曰:"近者悦,远者来。"

叶公问孔子怎样管理政事。孔子说:"能让近处的人高兴,远处的人归附。"

叶公是小国之君,管理的国家相当于今天的一个县级市,他向孔子请教如何管理政事,孔子回答:"能让身边的人高兴,远处的人归附。"如果信任下属,任人唯贤,唯才是举,"近处的人"自然快乐。以人为本,励精图治,行仁政、仁道,"老者安之,朋友信之,少者怀之",则自然有"四方之民襁负其子而至"。

教育的好坏,评价者不应该是自己,而应该是社会和家长。我们应该有勇气反思自己教育的问题和不足,以解决中国教育近者不悦,远者不来的困局。期待教育领域有一场深度的改革,让中国教育做到"近者悦,远者来",吸引世界各国越来越多的人到中国来读书。

## 13.17 欲速不达

> 子夏为莒父①宰，问政。子曰："无欲速，无见小利。欲速则不达，见小利则大事不成。"

子夏任莒父的总管，问孔子政事。孔子说："不求快速，不贪小利。求快反而达不到目的，贪小利有可能坏大事。"

"欲速则不达"，适用于各种领域，是实践理性的结晶，是孔子儒家的辩证法智慧。

为政欲速则不达。形象工程、政绩工程等，十之八九都是急功近利之举，为自己谋得升迁，却透支子孙后世的资源，为地方、国家留下无穷的祸患，比如水资源污染、土地污染等，这其实也是急功近利的政绩工程的后遗症。

为教欲速则不达。过分执着于眼前的分数，执着于高考的分数，忽视伦理建构，忽视价值建构，忽视理想信念的教育，忽视人之为人的本质追求，后果不堪设想。诸多社会乱象是教育急功近利的必然后遗症。教学欲速则不达。奥苏伯尔认知心理学告诉我们，原认知结构的清晰程度、有序程度、巩固程度直接决定了新知识、新能力的学习效率。因此，在教学行为中，那种盲目赶进度的做法，无异于猴子摘苞谷，几乎毫无效率。很多

---

①莒（jǔ）父：当时鲁国的一个城邑。

教师面对教学计划，习惯先赶进度，后集中复习，这种教学安排就是典型的欲速不达，非常低效。

个人的发展也欲速不达。按照儒家的智慧，"学而优则仕"，德行修养好了才可以做官，这样才能不贪婪，不误入歧途；进入官场再修德行，很难很难，很多诱惑让你迷失本心。如果德才不配，位置越高越危险，待轰然坍塌则悔之晚矣！

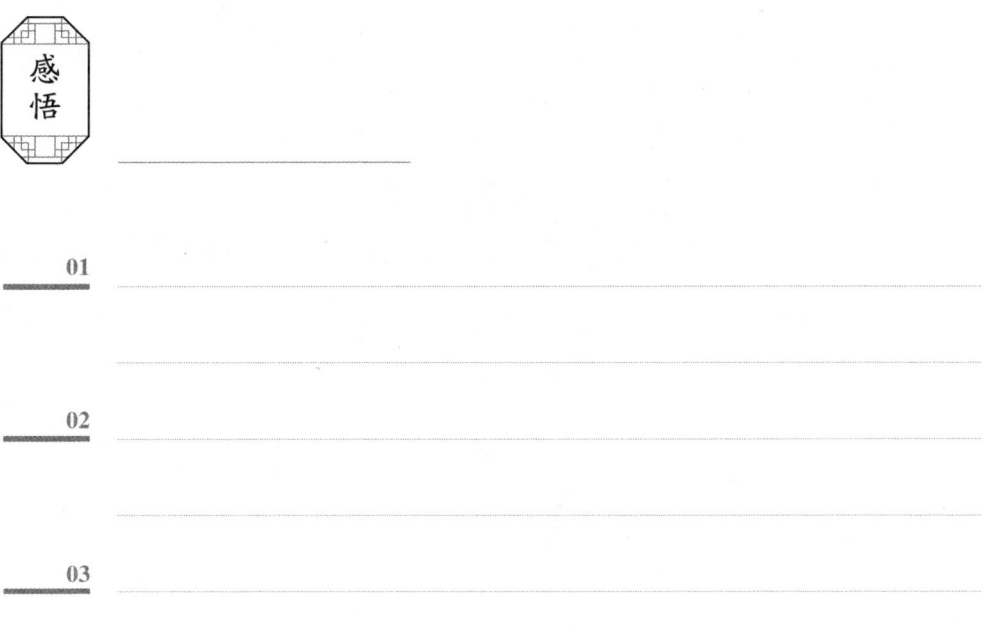

## 13.18　亲亲相隐

> 叶公语孔子曰:"吾党有直躬者①,其父攘②羊,而子证③之。"孔子曰:"吾党之直者异于是。父为子隐,子为父隐,直在其中矣。"

叶公告诉孔子说:"我家乡有个正直的人,他父亲偷了羊,他告发了父亲。"孔子说:"我家乡正直的人不一样。父亲为儿子隐瞒,儿子为父亲隐瞒,正直就在其中了。"

孔子把正直的道德纳入"孝"与"慈"的范畴,服从"礼"的规定。今天的韩国,依然遵从父为子隐、子为父隐的原则,这在非原则性的问题上,可以保留。我做博士论文期间,查阅"文革"史料,那时人们对传统伦理的背叛触目惊心:为了表达对政治理念或领袖的忠贞,大家相互揭发,只求目的而不择手段,父子反目、夫妻反目、朋友反目,无道义可言、无信义可言、无真情可言,真真看得脊梁骨都是冰凉的。祈愿上苍,历史不要重演。当然,"父为子隐,子为父隐"必须有底线,如果牵涉到国家利益、民族利益、千万人的生死,那就不能"父为子隐,子为父隐"了;这个时候,需要大义灭亲。

---

①直躬者:正直的人。②攘:偷。③证:告发。

对于有些中小学班主任的告密式管理方法，我非常不以为然。有些班主任在学生社团、群体中广泛安置眼线，不断收集各种信息，以达到"严控严管"的效果，动机也许是好的，但是效果南辕北辙。这种管理模式，戒之！戒之！

感悟

01

02

03

## 13.19　樊迟问仁

> 樊迟问仁。子曰:"居①处恭,执事敬,与人忠。虽之夷狄,不可弃也。"

樊迟问怎样才是仁。孔子说:"生活保持敬畏之心,办事严肃认真,待人忠诚信实。即使到了夷狄,也不背弃礼法。"

孔子谈的"仁"包括"恭""敬""忠"3个德目。看起来简单,做起来很难,做好了不平凡。大千世界,五彩缤纷,诱惑很多,生活方式和状态可以燕处超然,但是君子不欺暗室,保持敬畏,不逾越底线,做到、做好不容易。忠人之事,如履薄冰,如临深渊,做好本职工作,不在乎别人是否看到,不在乎上位者是否肯定,只在乎工作的质量,只在乎问心无愧,做到、做好不容易。宅心仁厚,为人忠厚,待人诚实,红尘滚滚,我心依旧,做到、做好不容易。把"恭""敬""忠"3个字做到、做好,可以超凡脱俗,四海之内皆兄弟!

---

①居:在生活上,在家里。

## 13.20　斗筲之人

> 子贡问曰:"何如斯可谓之士①矣?"子曰:"行己有耻,使于四方,不辱君命,可谓士矣。"
>
> 曰:"敢问其次。"曰:"宗族称孝焉,乡党称弟焉。"
>
> 曰:"敢问其次。"曰:"言必信,行必果②,硁硁③然小人哉。抑亦可以为次矣。"
>
> 曰:"今之从政者何如?"子曰:"噫!斗筲之人④,何足算也?"

子贡问道:"怎样才可以叫作士呢?"孔子说:"对自己的言行有羞耻之心,出使外国,能完成君主的使命,可以叫作士。"

子贡说:"请问次一等的呢?"孔子说:"宗族中的人称赞他孝顺父母,乡党称赞他尊敬兄长。"

子贡又问:"请问再次一等的呢?"孔子说:"说到做到,做事坚持到底,那是不问是非、固执己见的小人啊。但也可以说是再次一等的士了。"

子贡说:"现在的执政者,您看怎么样?"孔子说:"哼!这些器量狭

---

①士:士在周代贵族中处于最底层。此后,士成为古代知识分子的通称。②果:果断、坚决。③硁(kēng)硁:象声词,敲击石头的声音。这里引申为像石块那样坚硬。④斗筲(shāo)之人:比喻器量狭小的人。筲,竹器,能容5升。

小的人，哪里能数得上呢？"

"士"首先是有知耻之心、不辱君命的人；其次是孝敬父母、顺从兄长的人；再次才是"言必信，行必果"的人。孔子说他那个时代的当政者都是"斗筲之人"，假如孔子生活在今天，在他看来当今的为政者有多少是"斗筲之人"？我不是孔子，当然无法知道孔子的结论。但是，可以肯定地说，当今为政者"斗筲之人"人数不少，比例不低。除了当官什么都不会的定是"斗筲之人"，因为什么都不会，就会搬弄是非，就会欺上瞒下，就会嫉贤妒能，就会打击报复，就会贪赃枉法，就会削尖脑袋钻营；这些人一旦谋到位置，成为既得利益者，为了保住位置，或者维护既得利益，势必不择手段。"斗筲之人"不除，国家前途堪忧。"斗筲之人"形成既得利益集团，劣币驱逐良币的文化就会形成，人才逆淘汰的机制性政策就会频出，社会矛盾就积重难返，国家就处在危险之中。

## 13.21　狂狷亦可

> 子曰："不得中行①而与之，必也狂狷乎。狂者进取，狷者有所不为也。"

孔子说："若是我不到奉行中庸之道者交往，那么就与狂者、狷者相交往吧。狂者进取敢于作为，狷者拘谨有所不为。"

"狂"与"狷"是两种对立的品质，都不符合中庸的要求。做人做事，如行中庸，必成大事大业也。但是，"天下国家，可均也；爵禄，可辞也；白刃，可蹈也；中庸不可能也"，能够达到中庸之道境界的人太少了，能够行中庸之道的人更少。所以，孔子认为，如果不能与行中庸之道的人做朋友，就只能退而求其次，选择与狂狷者交往。但现在很多人依然认为中庸属于明哲保身的哲学。事实上中庸是科学的人生态度，也是科学的方法论。进取是对的，但走向极端就是错误的：希特勒不进取吗？但他走极端，结果毁了自己，也毁了德国！大公无私不好吗？当然好。但是如果真的有人做到"心中只有别人，唯独没有自己"，那就是虚伪。试问亲情能大公无私吗？爱情能大公无私吗？宗教绝大多数是终极关怀，是安顿灵魂，但是，宗教发展过程中的极端行为，一样是杀人无数：中世纪的宗教因为反对科学而杀了很多杰出的科学家，这些用儒家哲学来衡量，都是反中庸的行为！

---

①中行：行为合乎中庸。

## 13.22 人贵有恒

> 子曰："南人有言曰：'人而无恒，不可以作巫医①。'善夫！""不恒其德，或承之羞②。"子曰："不占③而已矣。"

孔子说："南方人有句话：'人如果无恒心，就不可以当巫医。'这句话非常好啊。""高尚德行不能持之以恒，免不了遭受羞辱。"孔子说："这句话是说，无恒心者用不着去占卦了。"

孔子强调：一是人必须有恒心，这样才能成就事业；二是人必须恒久保持德行，否则就可能遭受羞辱；三是性格决定命运，如果没有恒心，不能恒久保持自己的高尚道德，不用算命先生预测，不用扶乩占卦，一定会遭受羞辱，必定命途多舛，必定一生平庸。

对这一章的理解，不能停留在字面上。仅仅有恒心是不够的，仅仅能保持自己的德行是不够的。恒心必须是进取的，德行必须是不断提升的；如此，才可能成功。我亲眼所见，不少教育同仁，每天两眼一睁，忙到熄灯，责任心很强，但是几十年过去了，方法依旧，态度依旧，效果依旧。这些同仁没有走上名师、大师的道路，在平庸的道路上坚持、坚守了几十年，临近退休依然平庸。原因很简单，因为其恒心在做水平运动，而不是在攀登；其保持的是自己的某种行为习惯，而不是道德整体水平的提升；由此而导致其学养无法增加，能力无法提高，事业不能发展。

---

①巫医：用卜筮为人治病的人。②不恒其德，或承之羞：引自《周易·恒卦·爻辞》，不能长久地保持自己的德行，免不了遭受羞辱。③占：占卜。

## 13.23　和而不同

> 子曰:"君子和①而不同②,小人同而不和。"

孔子说:"君子讲求和谐而不追求每个人都一致,小人只求一致而不求和谐。"

在孔子儒家的哲学范畴中,"同"是求同、尚同,是同质化、标准化;而"和"则是尚异、求异,是差异化、个性化;二者正好是相对立的两个范畴。"和而不同"是儒家最宝贵的哲学智慧和管理学智慧。

尚同求同,往往短命;尚异求和,繁荣昌盛。历史事实如此:三国时期,刘备、关羽、张飞桃园结义,以大哥的意见为意见,以大哥的意志为意志,这是蜀国的悲哀之一——义气求同;大哥刘备对诸葛孔明言听计从之后,孔明的智计成了蜀国、蜀军的行动指南,似乎依靠孔明的锦囊妙计就可以解决一切问题,这是蜀国的悲哀之二——智慧求同。相比之下,曹操广纳贤才,广泛采纳不同意见,充分尊重每个人的个性,充分发挥每个人的才智,所以,天下英才归附曹操。曹魏集团战胜刘备集团,几乎是没有悬念的。求同文化意味着生命力的萎缩,如果社会管理求同,意味着社会的崩溃。

"和而不同"也是教育哲学。教育可以有相同的课标,有相同的要

---

①和:尚异,求异,个性化。②同:求同,同质化。

求，但不能要求过程相同，也不能要求结果完全相同。高考制度设计，就是尚同求同的产物，这种制度设计的理论依据是"人的全面发展"——以总分论优劣，但是全面发展恰恰是中国当代素质教育最大的伪命题。全面发展作为课程设计，提供人的素质的发展平台，当然没有错，但是作为人才培养规格就错了，作为教育目标就错了。钱学森就是钱学森，姚明就是姚明，郎朗就是郎朗，郎平就是郎平，不一样才精彩，不一样才是教育的追求。我访问过20多个国家的118所中小学，很多学校教材的选择权甚至不在校长，而在于一线教师，所以他们的每一堂课可以不一样，教材可以不一样，内容可以不一样，教法可以不一样，过程可以不一样。教育的个性化，自然成就了教育产品的个性化。反观中国教育，课标一样，教材一样，课件一样，教辅一样，同质化的教育教学，可以造就数以千计的出色的教书匠，却无法产生大师级的教育家；可以造就数以亿计的无心标准件，却较少能培养出影响人类的巨匠和大师！

钱学森之问，答案很简单，难就难在既得利益者不放权，难就难在教育行业成为出版商、教辅供应商博弈的市场。每念于斯，寝食难安！

## 13.24  识人之明

> 子贡问曰:"乡人皆好之,何如?"子曰:"未可也。""乡人皆恶之,何如?"子曰:"未可也。不如乡人之善者好之,其不善者恶之。"

子贡问孔子说:"全乡人都喜欢他,这个人怎么样?"孔子说:"这不能确定。"子贡又问孔子说:"全乡人都厌恶、憎恨他,这个人怎么样?"孔子说:"这也是不能确定。不如全乡的好人都喜欢他,全乡的坏人都厌恶他。"

我26岁任中学校长的时候,培养我的长者叶细幼先生跟我谈话时说:"谦虚是对的,但是不要奢望每个人都说你好。如果每个人都说你好,意味着我培养你是错误的。70%以上的教师认可你,50%以上的教师佩服你,30%以上的教师愿意追随你,你已经很了不起了。"虽然叶细幼先生已经作古,但是这句非常朴素的话,却言犹在耳,宛如昨日。那个时候,我还没有通读《论语》,也不知道"乡人皆好之"的老好人被孔子称为"乡愿"。读了这一章,回顾与叶细幼先生的谈话,更加增进了我开拓进取、务实做事的勇气和信心。

无论是社会管理,还是教育管理,只要改革就会伤害既得利益者,就会有人反对,就会有人污蔑,就会面对无可穷尽的匿名信,但是人生百年，白驹过隙，不能因为怕反对、怕得罪人而不改革。当代中国教育，迷失了本真，积重难返，不改革将永无希望，改革则能死里求生。个人荣辱重要，但是一代人的发展更重要，一个民族的复兴更重要。所以，如果让我再选择，我依然选择改革！

感悟

01

02

03

## 13.25　君子之悦

> 子曰："君子易事①而难说②也。说之不以道，不说也；及其使人也，器之③。小人难事而易说也。说之虽不以道，说也；及其使人也，求备焉。"

孔子说："君子很容易相处，但让君子喜欢却不容易。不遵从道的法则去讨君子的喜欢，君子是不可能喜欢的。君子要用人的时候，是量才而用，不是凭自己的喜好。与小人相处很难，但很容易让小人喜欢你。即使你不用正当的方法讨小人喜欢，小人也会喜欢你。当小人要用人的时候，便会百般挑剔求全责备。"

不能不让人佩服，孔子在2000多年前对人性洞悉得如此透彻：君子相处容易，得君子信任却很难，因其量才而用；与小人相处很难，但得小人喜欢很容易，其用人求全责备。君子道德高尚，君子仁爱，君子宽容，君子厚道，所以与君子相处很容易。但是，要君子真心喜欢却不容易，因为君子不会丢掉底线，不会丢掉原则，不会丢掉尊严。小人气量狭小，喜怒无常，与之相处自然难。但是，让小人喜欢却非常容易，投其所好即可。俗话说："宁可得罪君子，不可得罪小人。"这句话应该修正为："只能得

---

①易事：易于与人相处共事。②难说：难于取得他的欢喜。说，同"悦"。③器之：量才而用他。

罪君子，不能得罪小人。"得罪君子，君子心中有道义，一般不会无原则报复你；得罪小人，小人心中无原则，会不择手段报复你、折磨你、摧毁你，如果不够强大，几乎只有死路一条。这是中国世俗文化的劣根性，读此章可知道，其源头不在儒家文化。

感悟

01

02

03

## 13.26 泰而不骄

> 子曰:"君子泰而不骄,小人骄而不泰。"

孔子说:"君子安详端庄、处之泰然而不傲慢凌人,小人傲慢凌人而不安详端庄,不能处之泰然。"

怎样理解"泰"呢?很多人面对穷山恶水和孤独的折磨,很快就病倒了,甚至病死了;而王阳明被贬到贵州龙场,能够以强大的内心面对,活出了生命的尊严和精彩,还完成了中国哲学史上里程碑式的"龙场悟道"——悟出了苦乐之道、生死之道、知行之道。苦乐之道即苦乐原本不存在,你觉得快乐就快乐;生死之道即生死无界限,死是生命的过程,而不是生命的终结;知行之道即知行合一,守护良知,依据良知做出人生和政治的各种选择。这就是君子的"泰",超越苦乐,超越生死,内心与外界融合,能够坦然面对一切遭遇和厄运。人生的境界如此,还有什么不能宽容的呢?还有什么值得计较呢?还有什么值得沾沾自喜呢?因为境界高了,所以能笑看风云,所以能坦然面世,所以能拥有坦荡的人生,所以能有平和的人生态度,所以能够宁静致远,所以能够定心、安心、静心、净心地从事学术或民生事业。

## 13.27　刚毅木讷

> 子曰:"刚、毅、木、讷,近仁。"

孔子说:"刚强、坚毅、朴实、持重,这四种品德接近于仁。"

因为仁者内心世界充满了慈悲、慈爱,所以不惧,所以刚强;因为仁者以天下为己任,追求的是诗和远方,自然不会因为眼前的困难挫折而放弃理想,所以坚毅;因为仁者坚守本心本性,坚守良知,所以真诚,所以朴实;因为仁者反求诸己,无须张扬,不事张扬,不屑张扬,所以木讷。若非道德高尚,若非有大智大慧,如何能达到"刚、毅、木、讷"的境界?

## 13.28　切切偲偲

> 子路问曰:"何如斯可谓之士矣?"子曰:"切切偲偲①,怡怡②如也,可谓士矣。朋友切切偲偲,兄弟怡怡。"

子路问孔子:"怎样做才可以被称为士呢?"孔子说:"互相切磋,真诚勉励,与人相处和睦,可以称为士。朋友之间应当道义相期,兄弟之间应当和和睦睦。"

对"士"的要求孔子反复讲,多角度讲,这一章侧重的是对朋友和兄弟的态度。有些知识分子,不是切切偲偲,道义相期,而是文人相轻,相互否定,违背了"君子和而不同"的价值取向和追求。孔子又说:"士不可以不弘毅,任重而道远。"士背负着强烈的社会责任,背负着强烈的历史使命,具有强烈的批判精神,既要改变自己,又要改变人心,还要改变社会。期待随着中华优秀传统文化传承发展工程的实施,越来越多的中国知识分子,恢复和重建士人精神,道义相期,批判现实,期待将来,一起担负起实现中华民族伟大复兴的使命!

---

①切切:相互切磋。偲(sī)偲:相互勉励。②怡(yí)怡:和顺,和睦。

## 13.29 教民七年

> 子曰:"善人教民七年,亦可以即①戎②矣。"

孔子说:"善人教化百姓七年,可以叫他们去当兵打仗了。"

冷兵器时代,教练老百姓军事7年,可以训练出能征善战的战士,这是字面上的理解。为何需要7年?那是因为必须让战士们有仁心、有仁道、有仁德,知道要为道而战,为义而战。

知道为何而战,其作战必然勇敢。比较洪秀全的太平天军和曾国藩的湘军,最大的差异就是太平军并不知道为何而战。刚开始或许知道为天国而战、为均田而战,后来发现是假的,信念由此而崩溃。而湘军却知道自己是为道义而战。太平军初期势如破竹,那是因为他们沉迷于天国的梦幻,梦醒时分,激情不再,虽然人多势众,但是军无斗志;反观湘军,为道义而战,为兄弟情义而战,为乡亲父老而战,作战的目的十分清晰,这就是湘军从屡战屡败,到越战越勇,到以一当十,再到取得胜利的原因。二者的较量是文化较量,是精神较量。胜负之数,自不待言。

---

①即:接近,靠近,到达。②戎:战争,征伐。

## 13.30 不教弃之

> 子曰:"以不教民战,是谓弃之。"

孔子说:"不训练就让百姓上战场,这就是抛弃他们啊。"

孔子在军事方面绝对不像后世的腐儒那么迂腐,而是有很深的造诣。孔子对军事的认识,始终服从于仁道,始终服从于民本,始终服从于政治;中国当代杰出的战略家、军事家毛泽东可谓深得其真传!孔子的军事思想在中国历史中产生了深刻影响。曾国藩就传承了孔子的治军思想。"以不教民战"的做法在太平天国军队建设中,是普遍存在的。由于太平天国作战的流动性,很多农民全家男女老少都是被裹挟进军队的,又缺乏系统的军事训练,怎么可能有作战能力?湘军的训练却非常严格,不仅军事训练严格,而且坚持思想政治教育,塑造了军队的灵魂。一支有思想、有追求、有灵魂、有战术的军队是战无不胜的。

# 感悟

01

02

03

04

05

06

07

# 宪问第十四

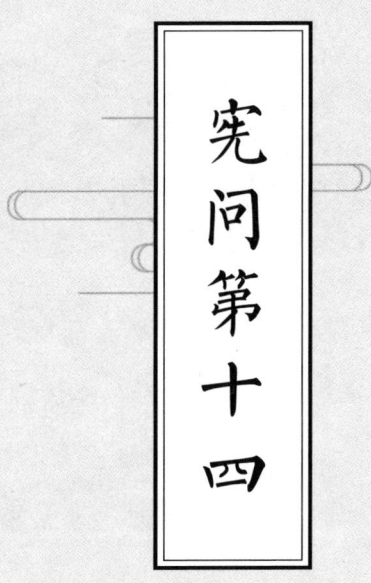

## 14.1　原宪问耻

> 宪①问耻。子曰:"邦有道,穀②;邦无道,穀,耻也。"
> "克③、伐④、怨⑤、欲⑥不行焉,可以为仁矣?"子曰:"可以为难矣,仁则吾不知也。"

原宪问孔子什么是可耻。孔子说:"国家有道,可以拿国家的俸禄;国家无道,还拿国家的俸禄,可耻。"

原宪又问:"好胜、自夸、怨恨和贪欲都没有的人,可以算仁吧?"孔子说:"可以说难得,是不是仁我就不知道了。"

孔子认为,做官的人应当竭尽全力为国效忠,而无论国家有道还是无道,都照样拿俸禄的人,就是无耻。邦有道,做官拿俸禄,一则是为民,二则是推动社会进步;邦无道,做官拿俸禄,那是助纣为虐,还不如退隐江湖,从事教育,以教化改变社会。孔子离开鲁国,当然是因为邦无道,所以愤然而离开。孔子又谈到仁的问题。仁的标准很高,孔子认为戒除了"好胜、自夸、怨恨、贪欲"的人难能可贵,但究竟合不合仁就不得而知——仁的境界很难达到,重心是"是否达到仁的境界"。《论语·述而第七》中孔子曾说:"仁远乎哉?我欲仁,斯仁至矣。"若是求仁却是很容易的,只要你追求,就可以接近仁,重心是"是否向仁接近"。语境不同,两处表达并不矛盾。

---

①宪:原宪,孔子学生。②穀:为官者的俸禄。③克:好胜。④伐:自夸。⑤怨:怨恨。⑥欲:贪欲。

## 14.2　士不怀居

> 子曰："士而怀①居②，不足以为士矣。"

> 孔子说："士人留恋在家中的安逸生活，就不配做士人了。"

"士"在现代语境中，就是有情怀、有使命感、有担当、有批判精神的知识分子。如果过分在意享受安逸生活，就算不得真正的儒家知识分子。知识分子追求道义，追求生命的永恒价值，追求治国平天下，或许也怀念家乡和故土，但是并不迷恋，而是以事业为重，以苍生为重，以大局为重，以天下为己任。孔子周游列国，为的是传道弘道；顾炎武浪迹天涯，为的是传道弘道；王夫之颠沛流离，为的是传道弘道；朱舜水客居日本，为的是传道弘道；钱穆赴香港、台湾，为的是传道弘道！

儒者热爱子女，眷恋故乡，但是更加执着于传道和改变社会，这就是儒家士人的追求。范仲淹，一介儒生，远离故土，镇守西北，西夏与中原边境有了20年安宁！韩愈，一介儒生，"一封朝奏九重天，夕贬潮阳路八千"，却以教化改变边地文化，潮州文化因为韩愈而全面提升，韩愈对潮州文化的影响是永恒的！王阳明，一介儒生，被贬贵州不毛之地，完成了"龙场悟道"这一人生最精彩的篇章，给儒学和后世留下了不朽的思想财富！

---

①怀：留恋。②居：家居。

## 14.3 危言危行

> 子曰:"邦有道,危①言危行;邦无道,危行言孙②。"

孔子说:"国家有道,正言正行;国家无道,依然正直做事,但说话就要随和谨慎。"

"邦有道,危言危行"最好的例证是魏徵的言和行。"邦无道,危行言孙"的历史例证有周厉王止谤、清朝文字狱等。当今之世,邦有道,但是,在体制中宜"危行言孙",尤其是当一个人的言语在受众范围内能够代表政策和法令的时候,说话不可不慎重,因为"一言兴邦,一言丧邦"。同理,一言兴教,一言丧教;一言兴校,一言丧校。

此外,在上位者说话宜慎重,还宜平和,因为受众可能是下属,也可能是民众,对他们都不可使用侮辱性语言,否则,或造成无法弥补的伤害,或造成双方的不信任、不尊重,这种伤口很难愈合,成本和代价往往也太高。不过,我觉得知识分子群体,无论何时何地,都应该坚持直道,坚持正义,坚持真理。如果知识分子群体都没有思想自由、没有说话自由、没有批评自由,时代可能正在窒息中!

---

①危:直,正直。②孙:同"逊"。

## 14.4 金声玉振

> 子曰:"有德者必有言,有言者不必有德。仁者必有勇,勇者不必有仁。"

孔子说:"有道德的人一定有言论,但是有言论的人却未必有道德。仁厚的人一定勇敢,但是勇敢的人却未必仁厚。"

道德高尚者其言论掷地有声,花言巧语者则不然。魏源说:"身无道德,虽吐辞为经,不可以信。"此章的"德"即为现代汉语的"道德",包括"道"和"德"两个维度:"道"者,思想也;"德"者,体验也,品性也。"道德"即是"道"和"德"的整体境界。有"道德"才有美好的辞章。

仁者必有勇。考古学者在罗马庞贝古城里考察时发现,火山岩浆到来之时,所有的妇女都蜷缩着身体保护自己的孩子。2008年5月12日四川汶川地震中,一位年轻的母亲,能够用柔弱的身躯,撑起坍塌的墙体,让儿子在自己的怀中安然无恙,直至救援者救出婴孩,这位母亲依然像雕塑一样。这是母爱的力量,这是慈悲的力量,物理学无法给此以科学的解答。罗马古城和中国汶川的那位母亲,都证明了仁者在关键时刻能够爆发出超乎寻常的勇气和能量。

## 14.5　崇尚道德

> 南宫适①问于孔子曰："羿②善射，奡荡舟③，俱不得其死然。禹稷④躬稼而有天下。"夫子不答。
> 南宫适出。子曰："君子哉若人！尚德哉若人！"

南宫适问孔子："羿善于射箭，奡善于水战，最后却都死于非命。禹和稷都亲自种植庄稼，却得到了天下。"孔子没有回答。

南宫适出去后，孔子说："此人是真君子呀！他如此崇尚道德啊！"

孔子是道德主义者，他鄙视无道的武力和权术，崇尚朴素和道德。南宫适认为禹、稷以德而有天下，羿、奡以力而不得其终。"恃德者昌，恃力者亡"就是后世儒者根据孔子思想延伸出来的主张。其实这样的例子很多，秦始皇以武力得到天下，不行仁政，恃力二世而亡。隋炀帝勇猛，不行仁政，恃力自然短命。元朝不行仁政，恃力治天下，也很快丧失了政权。马上得天下，但是不能马上治天下。治天下根本在治人心，有效路径在于以教化实现文化认同、价值认同、政治认同、伦理认同等。美国的全

---

①南宫适（kuò）：即南容。适，同"括"。②羿（yì）：夏代有穷国的国君，擅长射箭，曾夺夏太康的王位，后被其臣寒浞（zhuó）所杀。③奡（ào）：寒浞的儿子，被夏少康所杀。传说中的奡力大，擅长水战。荡舟：用手推船。④禹：夏朝开国之君，擅长治水，注重发展农业。稷（jì）：周朝的祖先，传说中的谷神，教民种植庄稼。

球战略，以力服人，追求自己的利益最大化，结果所到之处，如伊拉克、叙利亚、阿富汗等无一例外都狼烟四起，民不聊生，事实已经证明，这个路径不行！

感悟

01

02

03

## 14.6 君子必仁

> 子曰:"君子而不仁者有矣夫?未有小人而仁者也。"

孔子说:"不仁德的君子有吗?没见到有仁德的小人。"

很多人认为本章跟孔子一贯的主张有些矛盾,其实只是语气的问题,如果把前面一句话读成反问句,就不存在矛盾了。儒家认为:君子是仁者,小人非仁者。仁是什么呢?仁是包容。因为超越苦乐,超越身心,超越生死,天下之大还有什么不能包容?仁是责任。因为仁者爱人,以化民成俗为己任,以天下兴亡为己任。仁是智慧。"己所不欲,勿施于人",原谅别人,可以解脱自己。仁是心态。心态决定性格,性格决定命运,能放下所以洒脱,能放弃所以成功。

## 14.7 爱之劳之

> 子曰:"爱之,能勿劳乎?忠焉,能勿诲乎?"

孔子说:"爱他,能不为他付出吗?忠于他,能不教诲他吗?"

本章孔子讲了儒家大爱和大忠的原则。爱人民,就应当为人民操劳,就应当有为人民服务的精神。忠于国家,就应当敢于对国家、社会、时局提出批评。儒家的清议之风,源自孔子,并形成了宝贵的传统,这个传统在体制内表现为设置谏官,且规定史官秉笔直书;在体制外表现为清议批评时政。任何时期,如果欢迎儒家知识分子批评,时局就会逐渐变好,甚至走向峰巅。汉朝规定当朝皇帝不能看史官撰写的历史书,这一规定不仅推动了"史家之绝唱,无韵之离骚"的《史记》的诞生,而且西汉皇帝因心有顾忌,励精图治,使汉朝走向了辉煌。唐太宗能够接受魏徵等人的批评,从善如流,革新除弊,开创了大唐盛世。

《雪城》是一部描写返城后的知识青年在逆境中奋斗、抗争的电视剧,它的主题曲《心中的太阳》被很多人误认为是一首恋歌,其实这首主题曲唱出了一代知识分子对自己祖国的深爱及他们心中的迷茫、彷徨,他们深深眷恋着祖国,而那时的祖国似乎并不爱这群执着的知识分子。《雪城》的片尾曲《离不开你》更是表达了具有儒家情怀的中国知识分子对祖国的深深眷恋:"你展开怀抱拥抱了我,你轻捻指尖揉碎了我,你鼓动风云卷走了我,你掀起波浪抛弃了我。我俩,太不公平,爱和恨全由你操纵。可今天，我已离不开你，不管你爱不爱我。"这首歌我十分喜欢，歌曲唱出了知识分子对祖国的刻骨眷恋与执着，即使被揉碎，即使被卷走，即使被抛弃，依然深爱。

时间如流矢，又过了30多年，很多知识分子依然深爱着自己的祖国，依然坚守自己的原则，依然凭着良知和责任敢于批评时政，虽然目的依然是希望心中的太阳、恋人——祖国，能够走向复兴、走向辉煌，但是他们的批评被忽视和漠视，他们的意见不被采纳，他们的真诚遭遇了冷漠与傲慢。一些知识分子选择躲进小楼成一统，做自己的小学问，自娱自乐。一些知识分子，选择自甘堕落，贩卖知识，出卖灵魂，出卖良知。还有很多知识分子，保持了儒家悲天悯人的情怀，淡泊名利，期望以教育改变人心，以教育改变社会，把生命和智慧无怨无悔地献给心中的太阳——祖国，我就属于这一类！

## 14.8 何谓公文

> 子曰:"为命①,裨谌②草创之,世叔③讨论之,行人子羽④修饰之,东里⑤子产润色之。"

孔子说:"郑国发表的公文,由大夫裨谌起草,大夫世叔提出修改意见,外交官子羽加以修饰,东里的子产大夫修改润色。"

儒家重视公文的程度如此,恐怕超出了现代人的想象。起草,征求意见,外交官修饰,宰相润色把关,然后发出。如此严谨,如此周密,如此慎重,可谓"如履薄冰,如临深渊"。那是因为每一道公文的背后是民生,是千家万户的切身利益,儒家以人为本,所以重视公文创制。

仁者爱人,儒者爱民,所以自古而今,为官的儒家知识分子所创制的公文,无论是檄文、奏疏、书信、布告、命令,无不充满感情。晁错的《论贵粟疏》、骆宾王的《为徐敬业讨武曌檄》、魏徵的《谏唐太宗十思疏》,以及在井冈山时期毛泽东同志所写的《星星之火,可以燎原》,哪一篇不是充满哲理?哪一篇不是充满激情和文采?没有思想不是好公文,没有情感不是好公文,没有文采也不是好公文。只要有利于表达思想,有利于说服受众,公文也可以有情感和文采。

---

①命:指国家的政令。②裨谌(chén):人名,郑国大夫。③世叔:即子太叔,名游吉,郑国大夫。④行人:官名,掌管朝觐聘问,外交事务。子羽:郑国大夫公孙挥的字。⑤东里:地名,郑国大夫子产居住之处。子产:郑国贤相。

孔子儒家说"修辞立诚",又说"言之无文,行之不远"。可见"公文不能有文采,公文不应有感情"属于偏见。我认为:公文必须要有才——思想,逻辑力;有气——气势,征服力;有情——真诚,感染力;有文——文采,表达力。我也是这样创制公文的,也许正是这种坚持,才使受众认为我的公文充满激情。

感悟

01

02

03

## 14.9　没齿无怨

> 或问子产。子曰："惠人也。"问子西①。曰："彼哉！彼哉！"问管仲②。曰："人也③，夺伯氏④骈邑⑤三百，饭疏食，没齿⑥无怨言。"

有人问子产是怎样的人。孔子说："惠民的人啊。"问子西。孔子说："他呀！他呀！"问管仲。孔子说："人才啊，他把伯氏骈邑的三百家封户夺走，使伯氏终生吃粗茶淡饭，但是伯氏直到老死也没有怨言。"

孔子极其重视为国家、为人民建功立业，所以孔子称赞子产，称赞管仲。后世伪儒只重视自己成人、成圣，而不重视民生与国事这些儒家的本质追求。宋儒之"平时袖手谈心性，临危一死报君王"的迂腐正是导致宋代以后中国一蹶不振的根本原因之一。因为宋后国家意识形态教育淡化，教育追求本末倒置，人才规格自然出了问题——培养的多数是脱离了儒家情怀、士人情结的书呆子，这些人在和平时期不能振兴经济和改善民生，在困难时期不能兴利除弊和创新守责，在国难当头时也必然不敢、不能、不会有什么担当。养护国人心灵，必须回到先秦，回到孔子，回到原儒。

---

①子西：楚国的令尹。②管仲：齐国名相。③人也：即此人也。④伯氏：齐国的大夫。⑤骈邑：地名，伯氏的采邑。⑥没齿：直到死时。

## 14.10　贫而无怨

> 子曰："贫而无怨难，富而无骄易。"

孔子说："贫穷而不怨恨很难，富裕而不骄傲容易。"

贫而无怨虽难，但颜回做到了。"在陋巷，人不堪其忧，回也不改其乐"，因为颜回在享受求道、悟道的快乐，所以没有怨天尤人。孔子认为"富而无骄易"。我看未必，虽然不少真正的富有者十分谦和、平和，也十分慈爱，但是，钻体制空子而暴富的人，十之八九骄狂无比，目中无人，心中无国。

我虽一介书生，不敢自称富贵，但是相对于少年时代身无分文、上无片瓦、下无立锥之地的窘迫，现在除了时间不够，基本算是衣食无忧。历练和挫折，让我能保持从容恬静的心态，保持淡泊简朴的生活，保持与书为伴的习惯，在工作之余享受孤独，享受融学习工作于一体的生活！

## 14.11 量才而用

子曰:"孟公绰①为赵魏老②则优③,不可以为滕④薛⑤大夫。"

孔子说:"孟公绰做晋国赵氏、魏氏的家臣才力有余,但不能做滕、薛这样的小国的大夫。"

儒家主张把合适的人放在合适的位置。家臣属于备用之才,只需听命令即可,只要落实大夫的指示和决策就称职。滕、薛两国虽小,但是大夫属于自用之才,要主动为国君出谋划策,谋民生、谋经济、谋和平、谋发展,所以需要独立人格,独立思考,独立决策,独当一面。

人才个性不一,有的善于宏观运作,有的善于微观管理,有的善于做具体事。为政者一旦人尽其才,则天下归心,国家强盛。刘邦战略运筹不如张良,后勤保障不如萧何,攻城略地不如韩信,可是这些人都为他所用,用好了就能得天下。相反,项羽面对天下奇才陈平、韩信,不识更不用,连一个亚父范增都不能容、不能用,所以失败并非天意,而是由其性格决定的。

---

①孟公绰:鲁国大夫。②老:这里指古代大夫的家臣。③优:有富余。④滕:诸侯国,在今山东枣庄滕州。⑤薛:诸侯国,在今山东枣庄滕州东南的薛城区。

## 14.12　完善人格

> 子路问成人①。子曰:"若臧武仲②之知,公绰③之不欲,卞庄子④之勇,冉求之艺,文之以礼乐,亦可以为成人矣。"曰:"今之成人者何必然?见利思义,见危授命,久要⑤不忘平生之言,亦可以为成人矣。"

子路问怎样才是人格完善的人。孔子说:"如果具有臧武仲的智慧,孟公绰的克制,卞庄子的勇敢,冉求的多才多艺,再辅之以礼乐教育,也就成为人格完善的人了。"孔子又说:"现在完善人格哪还需要这样呢?见到利想到义,遇到危险能献出生命,长久穷困不忘平日的诺言,如此也可以成为人格完善的人。"

人格完善的问题其实就是全人格教育问题。孔子从两种角度阐述了达到完善人格的途经:一是组合方式,综合臧武仲的智慧、孟公绰的克制、卞庄子的勇敢、冉求的多艺,再辅以礼乐教化;二是实践方式,关键时候经得住考验,见利思义、遇到危险有献身精神、贫贱时不忘自己的承诺。这是孔子作为教育家,提出的全人格的教育理想。这种人才规格,依然值得现今从事教育者认真学习、思考、借鉴。

---

①成人:人格完备的人。②臧武仲:鲁国大夫臧孙纥。③公绰:孟公绰,孔子非常敬重的贤者。④卞庄子:鲁国的勇士卞邑。⑤久要:长久处于穷困中。

## 14.13　君子慎言

子问公叔文子①于公明贾②曰:"信乎,夫子③不言,不笑,不取乎?"公明贾对曰:"以④告者过也。夫子时然后言,人不厌其言;乐然后笑,人不厌其笑;义然后取,人不厌其取。"子曰:"其然,岂其然乎?"

孔子问公明贾公叔文子怎么样:"听说老人家不说、不笑、不取财物,是真的吗?"公明贾回答道:"这是告诉你话的那个人表达得不清楚。先生他到该说时才说,因此别人不厌恶他说话;快乐时才笑,因此别人不厌恶他笑;合于义的财他才取,因此别人不厌恶他取。"孔子说:"原来是这样,难道真的是这样的吗?"

此章大有深意。在东方文化场域之中,应该努力做到该说话时才说话,真快乐时才开怀而笑,符合正道才获取财富。这样的人会获得尊重,无论怎样的世道这样的人都受人欢迎,因为真诚、正义、守礼。相反的情况是,说话不看场合喋喋不休,不讨人厌才怪;不快乐却强作欢笑,别人喜欢才怪;爱财而巧取豪夺,别人不骂才怪!

---

①公叔文子:卫国大夫公孙拔,卫献公之子。谥号"文"。②公明贾(jiǎ):姓公明,名贾。卫国人。③夫子:此处指公叔文子。④以:此。

## 14.14　春秋无信

> 子曰:"臧武仲以防①求为后②于鲁,虽曰不要③君,吾不信也。"

孔子说:"臧武仲凭借防邑,请求鲁君立其后代为大夫,虽然有人说他不是要挟君主,但是我不相信。"

臧武仲因得罪孟孙氏而逃离鲁国,后来回到防邑,向鲁君要求,以立臧氏之后为卿大夫作为条件,自己离开防邑。孔子认为他以自己的封地为据点来要挟君主,属于不忠不义的行为。史学界一直在争论:臧武仲是以放弃防邑为条件还是凭借自己的封地防邑为要挟?我认为,无论哪种情况都属于要挟。春秋无义战,君臣之间、父子之间、大夫与家臣之间,都已无信义可言。

---

①防:防邑,臧武仲的封地。②后:后代。③要(yāo):要挟。

## 14.15 谲正之辩

子曰:"晋文公①谲②而不正,齐桓公③正而不谲。"

孔子说:"晋文公诡诈而不正派,齐桓公正派而不诡诈。"

为何孔子对春秋时代两位著名政治家的评价截然相反呢?"礼乐征伐自天子出",晋文公号令诸侯,本已失礼;称霸后召见周天子,更是有悖于礼。这是破坏秩序,僭越君臣之礼的行为,所以说晋文公诡诈不正。齐桓公打着"尊王"的旗号称霸,同样是称霸,但是至少仍保留着形式上的君臣之礼,所以,孔子认为齐桓公正派不诡诈。

---

①晋文公:姓姬,名重耳,春秋霸主之一。公元前636—前628年在位。②谲(jué):欺诈,弄权。③齐桓公:姓姜,名小白,春秋霸主之一。公元前685—前643年在位。

## 14.16　管仲之仁

> 子路曰："桓公杀公子纠①，召忽②死之，管仲不死。"曰："未仁乎？"子曰："桓公九合诸侯③，不以兵车④，管仲之力也。如其仁⑤，如其仁。"

子路说："齐桓公杀了公子纠，召忽自杀殉主，但管仲却没有自杀。管仲不能算是仁人吧？"孔子说："桓公多次召集各诸侯国盟会，不用武力召集，都是管仲的力量啊。这就是他的仁德，这就是他的仁德啊。"

读这一章，可以进一步明确孔子赞成的是大仁、大义、大忠、大爱。在孔子看来，那种硁硁然重小信、为不值得之人殉葬的不是君子；以天下为重，以苍生为重，以大局为重的才是真君子，才是真仁德。

孔子这一价值标准，重现在《史记》中。面对项庄舞剑意在沛公的凶险局面，面临立即逃离还是遵守诺言的难题，刘邦选择留下来继续与项羽周旋，手下樊哙则力劝刘邦逃命要紧："大行不顾细谨，大礼不辞小让，何辞为？"《史记》之后，这种标准一下子消失了。取而代之的是汉儒、宋儒的"愚忠愚孝"，后世伪儒学把"愚忠愚孝"的罪名硬扣在孔子头

---

①公子纠：齐桓公的哥哥，被齐桓公所杀。②召忽：管仲和召忽都是公子纠的家臣。公子纠被杀后，召忽自杀，管仲归顺了齐桓公，并当上了宰相。③九合诸侯：指齐桓公多次召集诸侯盟会。④不以兵车：不用武力。⑤如其仁：这就是他的仁德。

上。伪儒学者以"愚忠愚孝"取悦于人君和天下父母,人君和天下父母又以"愚忠愚孝"要求臣下和子孙。伪儒学者、人君和天下父母,也构成了一个奇妙的利益共同体,可怕、可悲、可恨!这样的伪儒学,当代中国青少年如何能够接受?

感悟

01

02

03

## 14.17　一匡天下

> 子贡曰:"管仲非仁者与?桓公杀公子纠,不能死,又相之。"子曰:"管仲相桓公,霸诸侯,一匡天下,民到于今受其赐。微①管仲,吾其被发左衽②矣。岂若匹夫匹妇之为谅③也,自经④于沟渎⑤,而莫之知也。"

子贡问:"管仲不是一个仁人吧?桓公杀了公子纠,他不能为公子纠殉死,反而失节做了齐桓公的宰相。"孔子说:"管仲辅佐齐桓公,称霸诸侯,匡正了天下,老百姓到了今天还能享受到他的好处。如果没有管仲,恐怕我们已经成了夷狄的奴隶,也要像夷狄一样披散着头发、衣襟向左开了。他怎能像普通男女那样守着小节小信,自杀在山沟,而谁都不知道他的存在呀。"

司马迁的父亲司马谈是孔子的再传弟子,司马迁家学源于孔子,所以他才有"大行不顾细谨,大礼不辞小让"的观点,因此读《论语》可与《史记》参照。读书贵在融会贯通,夫子重大节,识大体,最大的仁德在

---

①微:无,没有。②被(pī)发左衽(rèn):披头散发,衣服向左侧开,是夷狄之俗。被,同"披"。衽,衣襟。③谅:遵守信用。这里指小节小信。④自经:上吊自杀。⑤渎(dú):小沟渠。

于造福人民，而不必像匹夫匹妇那样斤斤计较于小节，自杀于沟渠。以我读二十四史的体会，《史记》无疑传承了原儒精神，而此后所有历史著作，传承的已经不再是原儒精神。我个人认为，孔子儒家六经之后，《史记》是唯一可以当做儒家经典来读的史书。

感悟

01

02

03

## 14.18　由衷赞美

> 公叔文子之臣大夫僎①与文子同升诸公②。子闻之,曰:"可以为文矣。"

公叔文子的家臣僎和公叔文子一同做了卫国的大夫。孔子知道后说:"可以称他为'文'了。"

公叔文子举荐自己的家臣,和家臣一起做了大夫,这在等级森严的社会,多么可贵啊,所以孔子发出由衷的赞美。孔子这种赞美再次证明孔子绝不是等级尊卑秩序的顽固维护者,不是既得利益的维护者,如果说他有所维护,那他维护的是社会秩序,维护的是公平正义。骨子里,孔子是中国历史上第一个自觉对既得利益集团地位进行挑战的人,以自己的一生挑战了既得利益者。以自己的教育改变学生的命运则是对既得利益者的另一种挑战。两者都是成功的挑战。

---

①僎(zhuàn):人名。②升诸公:僎由家臣升为大夫,与公叔文子同等地位。公,公室。

## 14.19　弱干强枝

> 子言卫灵公之无道也，康子曰："夫如是，奚而不丧？"孔子曰："仲叔圉①治宾客，祝鮀治宗庙，王孙贾治军旅，夫如是，奚其丧？"

孔子讲到卫灵公的昏庸无道，季康子说："既然如此，为什么他却没有败亡呢？"孔子说："因为他有仲叔圉接待宾客，祝鮀管理宗庙祭祀，王孙贾统率军队，像这样有贤臣相助，怎么会败亡呢？"

孔子认为卫灵公无道昏庸，却不败亡，是因为有仲叔圉处理外交，祝鮀处理内政，王孙贾处理军事；诸侯虽弱，大夫却很强，弱干强枝，宛如榕树，生命力依然旺盛。但是强干弱枝，未必兴旺。比如宋朝，就属于强干弱枝，国家强而百姓弱，中央强而地方弱，上层强而基层弱，皇帝强而军队弱。这种社会结构十分脆弱，因为基础在下面，下面不坚固，再高的大厦，都可能轰然坍塌。如果中央财政钱多得不知道如何花，省级财政钱也多得胡乱花，但地级财政捉襟见肘，区县财政入不敷出，乡镇财政借钱度日，甚至基本要靠土地出让金或银行贷款维持基层政府运作，那么社会基础就脆弱，社会矛盾就尖锐。

---

①仲叔圉（yǔ）：即孔文子。他与祝鮀、王孙贾均为卫国大夫。

## 14.20 大言不惭

> 子曰:"其言之不怍①,则为之也难。"

孔子说:"说话大言不惭,那么实现就很困难。"

言而无据、言而无信、言不由衷、夸夸其谈,大有人在。优秀的人说话实事求是,做事脚踏实地。说得很好,做得不好,这样的人不宜重用。说得一般,做得很好,这样的人可以重用。说得很好,做得更好,这样的人才值得重用。

---

① 怍(zuò):惭愧的意思。

## 14.21 陈恒弑君

> 陈成子弑简公①。孔子沐浴而朝,告于哀公曰:"陈恒弑其君,请讨之。"公曰:"告夫三子②。"
>
> 孔子曰:"以吾从大夫之后③,不敢不告也。君曰'告夫三子'者。"
>
> 之三子告,不可。孔子曰:"以吾从大夫之后,不敢不告也。"

陈成子杀了齐简公。孔子沐浴之后上朝,拜见鲁哀公说:"陈恒把他的君主杀了,请出兵讨伐他。"哀公说:"你去报告那三位大夫吧。"

孔子退朝后说:"因为我曾经做过大夫,所以不敢不来报告。君主却说'你去告诉那三位大夫吧'。"

孔子又去向那三位大夫报告,但三位大夫不同意派兵讨伐。孔子又说:"因为我曾经做过大夫,所以不敢不来报告呀。"

按照春秋时期周天子的法律,弑君之贼,人人得而诛之,各诸侯国都

---

①陈成子:陈恒,又名田成子,齐国大夫。他以大斗借出、小斗收进的方法受到百姓拥戴。公元前481年,他杀死齐简公,夺取了政权。简公:齐简公,姓姜,名壬,姜尚的后裔。公元前484—前481年在位。②三子:指季孙、孟孙、叔孙三家。③从大夫之后:孔子曾任过大夫职,但此时已经去官居家,所以说从大夫之后。之,动词,往。

有权讨伐陈成子，遗憾的是鲁哀公无权，有权的三位大夫不愿出兵。从中读到的是孔子对礼的执着，对社会稳定的责任感。孔子的执着是正确的：如果是苛政、暴政，推翻可以，但不可以弑君。他不赞成血流漂杵，儒家对政权交接的底线是不流血。

感悟

01

02

03

## 14.22 勿欺可犯

> 子路问事君。子曰:"勿欺也,而犯之。"

子路问如何侍奉君主。孔子说:"不能欺骗,但可以犯颜直谏。"

孔子倡导的这种人臣之道,如果能够施行,必然可以创造一个强盛的王朝。汉唐王朝的强盛,就是得益于臣子可以犯颜直谏,尤其是唐王朝开国之初,魏徵直谏李世民,避免了许许多多不利于国家和人民的政策出台,避免了很多不必要的决策失误。但是,此后这种君臣之道,逐步绝迹。

## 14.23 君子上达

> 子曰:"君子上达,小人下达。"

孔子说:"君子向上求道义而通达,小人向下求利益而以为通达。"

  君子自强不息上达于道和义,追求的是格物、致知、诚意、正心、修身、齐家、治国、平天下。君子修己安人,达则兼善天下苍生,甚至治国平天下,追求的是自己的提升和对族群、社会的贡献。小人不知疲倦下达于器和利,单纯追求技术的进步或者一己之私利、私欲,并无兼济苍生的情怀与理想。这里,君子和小人是两种不同的人才规格,君子和小人不只有道器之分,还有利义之别,但没有人格歧视意味。

## 14.24 为己为人

> 子曰:"古之学者为己,今之学者为人。"

孔子说:"古人学习为求道修身,今人学习为搏别人赞赏。"

古人学习是为了求道,求道的过程是生命价值提升的过程。当学有余力时才出仕,道德修养好了才做官,服务社会。今人学习或是为了在别人面前炫耀,或是为了别人(父母、老师、亲朋、好友)的面子,或是为了获得别人的认可与赞扬。孔子在比较中,提出了自己的学习目的论。

知识分子做学问的第一要务是修身求道,提升自己的道德修养和思想境界,尤其是培养自己的历史使命感和责任感,最重要的是对社会要有良知和批判精神,不能成为金钱和权力的奴隶;第二要务是创造思想、理念、知识、技术,如果是人文科学研究者,应该关注社会,并提出改革、改良、优化社会的方案;第三要务是教育和影响周围的人们,当然包括学生。

孔子儒家提倡"学而优则仕",其实就是告诉读书人必须通过学习完善德行、完善人格、提升境界,增强为民众、为国家服务的本领,历练尚未丰富、人格尚未成熟就做官,很可能会因为自己心性不定,自己的贪欲无法控制,冷不丁就因贪腐而一失足成千古恨。

## 14.25　使者风度

> 蘧①伯玉使人于孔子,孔子与之坐而问焉。曰:"夫子何为?"对曰:"夫子欲寡其过而未能也。"使者出。子曰:"使乎!使乎!"

蘧伯玉派使者去拜访孔子。孔子让使者坐下,然后问道:"先生最近在做什么?"使者回答说:"先生想要减少自己的错误,但还没能做到。"使者走了以后,孔子说:"好一位使者啊!好一位使者啊!"

孔子赞扬使者,耐人寻味。一则称赞使者优秀。使者理解孔子,也了解主人,知道孔子最关心的是蘧伯玉的道德修养,所以坦诚回答"想减少错误而未能做到"。二则称赞使者的主人。蘧伯玉在《庄子》中被描写为道家,在《礼记》中是个儒者,显然在《论语》中他也是儒者,是孔子认为可以做朋友的人,其品德高尚。三则强化自己的观点。儒家提倡慎独,提倡三省吾身,提倡过而改之,孔子的思想前后一贯,并无二致。四则借此机会教育学生。非正式场合,孔子往往有学生陪侍左右,孔子自然不会放过这种机会,寓教育于交往活动。

---

①蘧(qú)伯玉:卫国的大夫,名瑗。

## 14.26 有所不为

> 子曰:"不在其位,不谋其政。"曾子曰:"君子思不出其位。"

孔子说:"不在那个职位,就不要谋划那个职位的事。"曾子说:"君子考虑问题,不超出自己的职权。"

这一章很容易理解,又非常难理解。孔子开创了清议政治的先河,传承到顾炎武就是"天下兴亡,匹夫有责",沉淀为一种传统,就是入世精神和历史使命感、责任感。即使无法直接从政以造福人民,改造社会,也要从事教育改变人心和社会,这是儒家最为宝贵的传统,也是儒学生命力所在。

如何理解"不在其位,不谋其政"呢?此章的语境与8.14不一样。"不在其位,不谋其政"两处的语境和潜台词不一样,前面强调不随便谋其政,而此处则强调有君子在其位,则其他人不必谋其政。"教育家办教育",这是典型的君子在其位谋其政,但是偏偏很多人不懂装懂,指手画脚,干预教育,导致中国创造了世界教育史上许许多多的笑话,比如大学比规模不比内涵、考核教授看论文而不看其培养学生的质量、选拔学生看分数不看个性特长等,这些都是不在其位谋其政的苦果。现在,民粹主义盛行,教育被舆论牵着鼻子走,但是,教育是科学,服从于真理,不是人多势众就有道理,真理多数时候掌握在少数人——君子手里。

至于"君子思不出其位"也是相对已经有君子在其位而言。一个人在某个位子，能够恪尽职守把事情谋划好，已经不错了。如果惦记着其他人的工作职责，尤其是惦记着君子的岗位和职责，那是古今之大忌。现实中，部门相互制衡，体制僵化，源于"不在其位"却"思出其位"，并胡乱"谋其政"。中国教育诸多病象，根源就在于此。

感悟

01

02

03

## 14.27　言过其实

> 子曰:"君子耻其言而过其行。"

孔子说:"君子认为说得多而做得少是可耻的。"

这一章极为精炼,含义深刻。儒家倡导"刚、毅、木、讷","讷"就有慎言慎行的价值取向在里面。"一言兴邦,一言丧邦"更体现了儒家对政治话语的慎重。为政者尤其要慎言,当言论可能成为规范、政策、决策的时候,必须三思而后言,三思而后行。如此,社会管理效率才会比较高。即便民主选举时讲理念、讲思想、讲未来,可以尽情发挥,但是讲民生、讲福祉、讲政策,则不可不慎重,兑现不了,十之八九要下台。耳闻目睹有些官僚说话不负责任,自以为高明,口若悬河,说尽了大话、套话、空话,但到头来一件实事未做,个人或组织威信扫地。《论语》虽然不是统治术,但是读懂了,却能让为官者有良知且懂得如何维护政治伦理的高洁。

## 14.28　夫子自道

> 子曰："君子道者三，我无能焉：仁者不忧，知者不惑，勇者不惧。"子贡曰："夫子自道也。"

孔子说："君子之道有三方面，我都未做到：仁德的人不忧愁，智慧的人不迷惑，勇敢的人不畏惧。"子贡说："这正是您所在的道啊，您在说自己吧。"

孔子认为君子必备的品格有许多，但是最根本的是仁、智、勇。因为仁者超越苦乐，超越生死，胸怀天下，包容宇内，所以不忧；智者对宇宙、对自然、对社会、对人生有着自己独立的见解，有自己的价值标准，有自己的是非观念，所以不惑；勇者敢于担当，敢于负责，所以不惧。而正确理解"仁者不忧，知者不惑，勇者不惧"必须明白这里运用了互文见义的修辞手法，所以应理解为仁、智、勇者不忧、不惑、不惧。如此，智、仁、勇三者都具备，还有什么忧虑，还有什么迷惑，还有什么恐惧呢？

## 14.29 含蓄批评

> 子贡方人①。子曰:"赐也贤乎哉②?夫我则不暇。"

子贡评论别人的短长。孔子说:"赐,你真的贤良吗?我可没有闲暇去评论别人。"

子贡在孔门以言语见长,演讲能力极强;在社会实践中以经商见长,是孔门弟子中最富有的,也是历史上有记载的第一个"儒商"。子贡离开孔子闯荡江湖,凭借着自己超人的洞察力,对市场行情预测准确度十之八九,所以赚到很多钱,据说富可敌国。孔子周游列国的相当部分经费都是子贡资助。作为儒商自然有儒家情怀,他深爱鲁国,独立穿行于齐、鲁、吴、越、晋,为鲁国立下了汗马功劳——也颇具外交才能。孔子对他当然欣赏有加,批评自然含蓄之至。"人后莫论人非"的风俗传统,应该也有孔子儒家的文化基因。

---

①方人:评论、诽谤别人。②赐也贤乎哉:疑问语气,其实是批评子贡不贤。

## 14.30　患己不能

> 子曰:"不患人之不己知,患其不能也。"

孔子说:"不担心别人不知道和理解自己,只担心自己没有本事。"

这一章讲的是儒家"内圣"功夫。儒家追求道德自觉,追求人格自觉,坚持"修己安人""修身齐家治国平天下"的"内圣外王"之道。儒者也有超然的自负:"天将降大任于是人也,必先苦其心志,劳其筋骨,饿其体肤,空乏其身,行拂乱其所为,所以动心忍性,曾益其所不能。"如果不被社会认可,不能被社会选择,那是因为自己的实力不够,能力不强,冲击力不猛,影响力不大。不怨天尤人,不自怨自艾,一事当前敢于担当,一事失败"反求诸己",这是孔子儒家倡导的人格。

## 14.31 大巧若拙

> 子曰:"不逆①诈,不亿②不信,抑亦先觉者,是贤乎。"

孔子说:"不预先怀疑别人欺诈,也不猜测别人不诚实,然而能事先觉察别人的欺诈和不诚实,这就是贤人了。"

不怀疑别人欺诈,不臆测别人的不诚实,不以最坏的心理去揣测别人,这是君子的境界。同时,又能够预先察觉别人的欺诈和不诚实行为,那不仅是智者,而且是贤者,甚至是圣者。面对诡谲的世道,如果不能够目光如炬,见微知著,那也非常危险。当然,还有另外一种选择:难得糊涂,大智若愚。

---

①逆:迎,预先猜测。②亿:同"臆",猜测的意思。

## 14.32 执着坚守

> 微生亩①谓孔子曰:"丘,何为是②栖栖③者与?无乃为佞乎?"孔子曰:"非敢为佞也,疾④固⑤也。"

微生亩对孔子说:"孔丘,你为何这样四处奔波游说呢?不就是要显示你的口才吗?"孔子说:"我不敢显示口才,只是担忧这固陋的世道。"

微生亩是鲁国人,春秋隐士。这是儒家与道家的一次交锋,交锋之中我们可以看出儒家、道家两种不同的处世态度。道家隐士认为社会乱象与己无关,将自己剥离出来,脱离出来,超越出来,逍遥自在。孔子针锋相对的回答似乎与儒家倡导的"刚、毅、木、讷"的人格特征有背离倾向,但是这也表明儒家和道家在面对原则性问题,面对社会责任、使命时,存在严重的对立和分歧。是入世还是出世?是面对还是回避?是担当还是逃避?儒家选择前者,我选择前者。

此外,从本章可读出一个重要的信息,孔子儒家从来不排斥其他学派,从来不讳言自己的主张,这也从侧面印证了"攻乎异端,斯害也已"的正确解释是"攻击其他学派,危害性很大",而非"学习其他学派,危害性很大"。儒学的开放性,源自孔子及其弟子的思想开放和言论自由。

---

①微生亩:鲁国人。②是:如此。③栖栖:忙碌不安、不安定的样子。④疾:恨。⑤固:世道的固陋。

## 14.33  骥称其德

> 子曰:"骥①不称其力,称其德也。"

孔子说:"千里马值得称道的不是气力,而是本质。"

本章运用了借喻的手法,以千里马比喻君子,以力比喻外表、气力,以德比喻内涵、气质、品性。这个借喻含义有三:其一,君子可贵不在于外表,而在于内涵,在于气质;其二,人们称赞的不是君子其器,而是其道——本性和良知;其三,君子以德服人,而不是以力服人。以德服人是中国文化的优势,而美国的美元战略、石油战略、实体经济战略等都是建立在别国痛苦之上的以力服人,其失败是必然的。

---

①骥:千里马,善跑的马。

## 14.34 以德报德

> 或曰:"以德报怨,何如?"子曰:"何以报德?以直报怨,以德报德。"

有人说:"用恩德来报答怨恨,如何?"孔子说:"用什么来报答恩德呢?应该是用正直来报答怨恨,用恩德来报答恩德。"

过去很多人说"以德报怨"是儒家的主张,读到这一章才知道,那是伪儒学的主张;孔子儒家坚决反对以德报怨,而提倡"以直报怨,以德报德"。后世不少政治家,自己在对外策略上软弱,为了消减民众的抵触和谴责,就把罪责推给孔子,实在不应该。以德报怨作为一种常态,有失真诚,但是作为一种顾全大局的策略,作为一种政治策略,作为一种政府处理人民内部对立情绪的策略,也许是不错的;因为,对象是人民,而不是敌人。绝大多数人,良知尚未泯灭,当你以德报怨的时候,有可能感化他。

历史告诉我们,在国际关系中,以德报怨未必有好的结果:最典型的莫过于宋朝。对于周边国家的入侵,宋朝从来都是以德报怨,甚至打了胜仗也要给辽国、金国、西夏货币、牛羊、粮食,但最终得到的却是国破家亡,人民流离失所,痛不欲生。对侵略者以德报怨,无异于养虎为患,迟早会被老虎伤害或吃掉!孔子儒家反对以德报怨,至今依然有现实意义!

## 14.35 下学上达

> 子曰:"莫我知也夫。"子贡曰:"何为其莫知子也?"子曰:"不怨天,不尤①人,下学而上达②。知我者其天乎!"

孔子说:"没有人了解我啊。"子贡说:"怎么能说没人了解您呢?"孔子说:"我上不埋怨天,下不责备人,下学礼乐而上达天命。知我心者只有天吧!"

"不怨天,不尤人"是儒者的心态。天道酬勤,天道酬仁,天道酬义,天道公平,没有必要怨天。成败由人,成败在己,成败在心。所以,成功了感激别人的帮助,失败了寻找自身的原因。"下学而上达"是儒者的道德追求路径,向下学人间礼乐,向上通达天命。英雄常常孤独,哲人常常孤独,哲人之孤独较之英雄更甚,所以孔子发出"知我者其天乎"的感叹,普天之下居然没有知己,何其孤独!

我非哲人,生逢此世,也常常莫名孤独。少年远离父母,有渴望亲情的孤独;青年家境贫寒,有被世俗疏离的孤独;中年学养渐深,人格独立,常常有桀骜不群的孤独。夜深人静的时候,一个人坐在书桌前,探索人生与教育,或沉思、或喜悦、或愤慨、或释然,但是也免不了蚀骨的孤独。近年来,视力、精力、体力每况愈下,深感人生之短暂而学海之无涯,疲惫至极时,也常常叹息:"如果就此离去,知我者谁?痛我者谁?哭我者谁?"

---

①尤:责怪。②下学而上达:下学礼乐,上达天命。

## 14.36　天命难违

> 公伯寮①愬子路于季孙。子服景伯②以告，曰："夫子固有惑志于公伯寮，吾力犹能肆诸市朝③。"
>
> 子曰："道之将行也与，命也；道之将废也与，命也。公伯寮其如命何？"

公伯寮向季孙告发子路。子服景伯就把这件事告诉孔子，并且说："虽然季孙氏已被公伯寮迷惑了，但我还是有能力把公伯寮杀了，把他陈尸于市。"

孔子说："道能够推行于世，由天命决定；道不能够推行，也是由天命决定的。公伯寮能把天命怎么样呢？"

天命是儒学的顶层设计。对普通人来说，"谋事在人，成事在天"，天意决定了成败。对帝王来说，受命于天，就获得了治国平天下的合法性。对哲人来说，天命是一种自负与自信，孔子"厄于陈蔡"，受困于匡人，都以天命在身而产生超然自信，对儒学的自信、对文化的自信、对生命力的自信。孔子的天命观影响了中国人数千年，至今尤甚。

---

①公伯寮：姓公伯，名寮，字子周，孔子的学生，曾为季氏的家臣。②子服景伯：鲁国大夫，姓子服，名伯，"景"是谥号。③肆诸市朝：处死罪人后陈尸示众以起警示之用。

## 14.37　贤者避世

> 子曰："贤者辟<sup>①</sup>世，其次辟地，其次辟色，其次辟言。"
> 子曰："作者七人<sup>②</sup>矣。"

孔子说："贤人在急剧动荡时首先会隐居，次一等的选择是逃避到另外的地方，再次一等选择是逃避别人难看的脸色，再次一等选择是回避别人难听的话。"孔子又说："这样做的有七个人了。"

此章似乎与儒家以天下为己任的入世精神相冲突，所以我想寻求一种新的理解。在动荡的社会里，首先选择不与社会直接接触，静下心来做学问，或从事教育——孔子晚年避世，潜心教育，潜心文献研究。次一等避到另外一个地方——避实就虚，选择适合推行自己主张的地域，也是一种进取精神。再次一等就是避开别人难看的脸色——孔子选择离开，很多时候是国君或者大夫给他难看的脸色。最后是避开别人难听的话——孔子回到鲁国后，鲁国国君拒绝的话就非常难听。所以，孔子称赞贤者的几种生存方式，其实是对儒家生命状态的一种肯定。孔门弟子将这一章保留在《论语》中，显然经过深思熟虑。

---

①辟：同"避"，逃避。②七人：即伯夷、叔齐、虞仲、夷逸、朱张、柳下惠、少连。其中虞仲、夷逸、朱张、少连四人身世无从考证，应该是没落贵族。

## 14.38　知其不可

> 子路宿于石门①。晨门②曰:"奚自?"子路曰:"自孔氏。"曰:"是知其不可而为之者与?"

子路夜里住在石门,看门人问:"从哪里来?"子路说:"从孔子那里来。"看门人说:"是那个明知其道不可能被当局接受却还要去行道的人吗?"

"知其不可而为之"既是一种苍凉、一种悲凉、一种无奈,更是一种执着、一种坚守、一种自信、一种锲而不舍的精神。自《论语》面世,"知其不可而为之"这句话就被误读、误解,准确的理解是:知道自己的主张不可能被当局接受,还是要去行道。因为孔子儒学是人本之学,是为民之学,而短视的君王从来都是把民众利益和国家利益对立起来,从来都是与民争利,所以不愿意接受为民谋利的"王道",而愿意接受为自己谋霸业的"霸道"。孔子努力传道、布道,没有君王愿意接受,所以他最后选择让年轻人接受,让民众接受。他成功了,弟子们接受了他的道,民众接受了他的道。

社会乱象,很多学者从不同维度探讨其产生原因,有的归结为体制,有的归结为文化,有的归结为历史,有的归结为教育。我认为,社会乱象

---

①石门:地名,鲁国都城的外门。②晨门:早上看守城门的人。

之源在于人心，心之病在于信仰缺失、价值迷失、伦理丢失，丢失了孔子儒学，不知道自己是谁，不知道从何处来，到何处去。没有信仰，所以不知方向。没有价值，所以心无是非。没有伦理，所以心无真情。治心病需从心开始，从教育着手，重建精神家园，重建价值体系，重建伦理文化，重建人文精神。可期可为，只争朝夕！

感悟

01

02

03

## 14.39　圣人心事

> 子击磬①于卫，有荷蒉②而过孔氏之门者，曰："有心哉！击磬乎！"既而曰："鄙哉！硁硁③乎！莫己知也，斯己而已矣。深则厉，浅则揭④。"
> 
> 子曰："果哉！末之难⑤矣。"

孔子在卫国击磬的时候，有位背草筐的人从门前走过说："击磬的人有心事啊！"一会儿又说："真庸俗啊！声音硁硁的！没有人了解他，那就自己顺其自然吧。就好像涉水一样，水深的地方就穿着衣服蹚过去，水浅就撩起衣服蹚过去。"

孔子说："说得正中心事啊！没有什么可以责问他了。"

孔门对于隐者的观点从来不苟同，《论语》中讲出隐者的观点，是用以反衬儒家的主张。孔子的心事是什么呢？是对人的关怀，是对社会的关心，是对历史的责任。他的心事，隐者是否定的，但却正是儒家要坚持的。我不认为孔子有丝毫的避世情绪，即便是"道不行，乘桴浮于海"，也不过是要避开乱世，到能够弘道的地方去弘道。儒家这种百折不挠的入世精神，是中国知识分子最宝贵的传统，需要传承，需要坚持，需要坚守！

---

①磬（qìng）：一种打击乐器。②荷：肩扛。蒉（kuì）：草筐。③硁硁：击磬的声音。④"深则厉，浅则揭"是《诗经·邶风·匏有苦叶》中的诗句。深则厉：穿着衣服涉水过河。浅则揭：提起衣襟涉水过河。⑤末：无。难：责问。

## 14.40　守丧三年

> 子张曰："《书》云：'高宗谅阴①，三年不言。'何谓也？"子曰："何必高宗？古之人皆然。君薨②，百官总己以听于冢宰③三年。"

子张说："《尚书》上说：'殷高宗守丧，三年不谈政事。'是什么意思啊？"孔子说："不仅是殷高宗，古时候的人都这样做。国君薨，新任的国君不问政事，百官忠于职守，听命于宰相三年。"

殷商高宗名武丁，是有名的贤君，守丧3年，不谈政事，不发布命令，因为敬天爱民，不想草菅人命。武丁的贤明就在于，守丧期间能够让宰相主政，而自己选择观察、思考、学习。遗憾的是，这么好的做法，后来没有形成传统。很多帝王，刚刚即位，就新政迭出、政令如潮，或急报私仇，或标新立异，或扰民愚民，这是非常不明智的选择。时至今日，官员履新，很多人喜欢"新官上任三把火"，其实，由于情况不明、定位不准，政出无据，"大火"过后，毁了威信，折腾基层，贻害民众，颇不明智。慎之，又慎之！

---

①高宗：商王武宗。谅阴：古时天子守丧时住的房子。②薨（hōng）：周代时称诸侯之死。③冢宰：官名，相当于后世的宰相。

## 14.41　好礼使民

> 子曰："上好礼，则民易使也。"

孔子说："上位者遵从礼制，百姓就容易管理了。"

中国的老百姓最容易满足，也最好管理，只要有稀饭度日，就不会造反。但是，统治者往往连稀饭都不愿意留给百姓，结果是"民不畏死，奈何以死惧之"——造反成了必然选择。在现代语境中，"上好礼"可以理解为上位者依法行政、依法办事，老百姓就容易管理。现代社会矛盾如此尖锐，根源在于上位者不依法执政、不依法行政、不依法办事，既得利益集团的意志大于法、权大于法、钱大于法，百姓不相信法，只好上访。比无休止的上访更可怕的是民粹主义滋生，一点火星都可能酿成灾难！

## 14.42 修己以敬

> 子路问君子。子曰:"修己以敬。"
> 曰:"如斯而已乎?"曰:"修己以安人①。"
> 曰:"如斯而已乎?"曰:"修己以安百姓②。修己以安百姓,尧舜其犹病③诸!"

子路问什么叫君子。孔子说:"修养自己以保持恭敬之心。"

子路说:"这样就够了吗?"孔子说:"修养自己以使朋友安乐。"

子路说:"这样就够了吗?"孔子说:"修养自己使百姓安乐。修养自己使百姓安乐,尧舜还担心自己做不到这些呢!"

本章谈了君子修养的三种境界。第一,修己以敬。修养自己,保持恭敬之心,养成敬畏之心。这是"内圣"功夫。第二,修己以安人。修养自己,惠及亲友,惠及下属,惠及辖内百姓,以自己的人格、学养、能力让亲人安乐。这是"外王"的过渡阶段。第三,修己以安百姓。修养自己,让百姓安乐,这是"外王"的终极目标。现代社会没有多少人走"修己以敬,修己以安人,修己以安百姓"的内圣外王之道。很多人认为自己没有主见,没有能力,最好的办法是唯命是从、唯上是从,成功了正好给上级歌功颂德,失败了也不用负责任。

---

①安人:使朋友安乐。②安百姓:使百姓安乐。③病:不足。

## 14.43　老而不死

> 原壤①夷②俟③。子曰："幼而不孙弟④，长而无述焉，老而不死，是为贼⑤。"以杖叩其胫⑥。

> 原壤叉开双腿坐着等孔子。孔子骂他说："年幼的时候不讲礼节，长大了没有值得传颂的成就，老了却不死，真是个害人精。"说着，用手杖敲他的小腿。

何其深刻的描述，何其生动形象。据说原壤和孔子是老朋友，都到了老年，两位老者见面，忘乎所以；孔子几句话就把其中情态描写得惟妙惟肖，妙趣横生。孔子成为精神领袖，成为哲学大家，成为教育大师，接受历代帝王的祭奠，其生命如恒星，永远在天河之中照耀我们前进，而原壤却在生命起点的不远处，落入尘埃，最终不见踪影。孔子与原壤生命的起点基本相同，生命的终点却天壤之别；每读此章，犹如遭当头棒喝！

---

①原壤：鲁国人，孔子旧友。他母亲死了，他还大声歌唱，孔子认为他的行为大逆不道。②夷：双腿分开而坐。③俟（sì）：等待。④孙弟：同"逊悌"。⑤贼：害人精，寄生虫。⑥胫：小腿。

## 14.44　察言观色

> 阙党①童子将命②。或问之曰:"益③者与?"子曰:"吾见其居于位④也,见其与先生并行也。非求益者也,欲速成者也。"

故乡阙里的一个童子来向孔子传话。有人问孔子:"这是个求上进的孩子吗?"孔子说:"我看见他坐在成年人该坐的位子上,又见他和长辈并肩而行,可见他不是个要求上进的人,只是个急于求成的人。"

察言观色,听其言观其行,然后知其人。即便孔子是可以明察秋毫的圣哲,对人也不敢妄下结论,而是采取类似现在行为心理学的方法,从人的行为中,研究和判断人的性格、人格。孔子能够在初次与这个童子的短暂相处过程中,看出这个孩子的性格特征,无愧为教育大家!

现代学校教育,最有价值的研究是行为研究。如果教师能够研究学生的行为、学生的言语、学生的学业、学生的情感、学生的态度、学生的人格,从而全面了解学生,建立学生个性化的成长档案,并以此为依据,因材施教,发现和及时培养学生的优势潜能,促进人才的个性化发展,教育

---

①阙党:阙里,孔子家所在地。②将命:在宾主之间传话。③益:上进,追求上进。④居于位:童子与长者同坐。

效果必然超乎想象的好。遗憾的是，有的中小学教师热衷于"裸教"，有的热衷于有偿家教，很多人日复一日地做着简单重复的劳动，不屑、不愿认真了解、研究自己的教育对象，所以教书一辈子依然平庸。实在可惜，实在可叹，实在可悲！

**感悟**

01

02

03

# 卫灵公第十五

## 15.1　崇尚礼治

> 卫灵公问陈①于孔子。孔子对曰："俎豆②之事，则尝闻之矣；军旅之事，未之学也。"明日遂行。

卫灵公向孔子询问军队列阵之法。孔子回答说："祭祀礼仪的事，我曾经听说过；排兵布阵的事，我却从来没有学过。"第二天孔子便离开了卫国。

孔子说自己不懂军事，只懂礼仪，不是真不懂军事，而是孔子不主张用军事手段解决诸侯国之间的问题。孔子这种处理国家关系的原则不适用于今天，因为孔子时代的国家是周天子统治下的诸侯国，不同于现在国与国的关系。所以，读《论语》传承文化精神，但是不能误解误用，对于主权争端，必须有充足的必胜的军事准备。

1927年，日本田中首相给天皇上的秘密奏折提出了日本发展国策："惟欲征服支那，必先征服满蒙。如欲征服世界，必先征服支那。"其中的"满蒙"就是东三省和蒙古，后来日本侵略东北的理由竟然是"因为东北三省对日本的生存发展非常重要，所以日本必须拥有东北"，强盗的逻辑竟然如此荒唐，要将他人的财物据为己有，理由居然是财物对强盗很重要。令人尴尬的是，弱国无外交，中国当时连称对方是"强盗"或反驳其

---

①陈（zhèn）：同"阵"，战阵。②俎（zǔ）豆：古代盛食物的器皿，祭祀礼器。

"强盗逻辑"的勇气都没有！当时政府，居然顺着强盗逻辑，拿南开大学的调查报告说明东北三省对中国发展很重要。令人愤慨的是，所谓"主持公道"的国际联盟，对强盗逻辑、强盗行为置之不理。

日本今天抢劫钓鱼岛的策略，一如当年抢劫东北。居然宣称："钓鱼岛是日本领土，与中国没有争议。"这种逻辑与1927年的田中奏折无异，与强占东北的逻辑无异。请国人高度警惕！

## 15.2　君子固穷

> 在陈绝粮，从者病，莫能兴。子路愠见曰："君子亦有穷乎？"子曰："君子固穷①，小人穷斯滥矣。"

孔子一行在陈国断了粮食，随从都饿病了，没人能振作起来。子路愠怒地去见孔子，说道："君子也有穷困的时候吗？"孔子说："君子穷困时却能固守本心本性，小人穷困则胡作非为。"

困顿而能安道守节，君子也；困顿而胡作非为，小人也。1992年，我担任中学校长，月薪不到500元，面对因家庭变故而衍生的重债，我该如何偿还呢？一不能贪污，二不能受贿，三不能有社会兼职（校长必须做表率）。我无法计算，凭工资何时才能还清这笔债务。于是，我选择南下广州，接受月薪5000多元的教职，有幸成为广东民办教育的拓荒者。我用不到一年的工资就还清了所有债务，用第二年的工资回湖北买了一套房子，安置好母亲。4年多民办教育生涯里，我再次从老师做到校长。1999年3月5日，我重新回到体制内从事教育事业。独特的人生经历，让我经受种种考验，抵制种种诱惑。如今，我心如止水，心无旁骛，工作日高效工作，晚上和双休日、节假日读书治学，追求生命的永恒！虽不敢以君子自居，却能坚守本心本性！

---

①固穷：固守穷困。

## 15.3  学问之道

> 子曰:"赐也,女以予为多学而识之者与?"对曰:"然,非与?"曰:"非也,予一①以贯之。"

孔子说:"赐啊,你以为我是学习遍数多了才记住的吗?"子贡答道:"是啊,难道不是吗?"孔子说:"不是的,我只是坚持知行合一而已。"

这是孔子因材施教对子贡进行学法指导的典型案例。子贡误认为老师的博学来源于反复识记,烂熟于心。孔子的回答是:"博学是因为长期坚持知行合一。"本章回应"学而第一"篇中孔子所强调的:学而时习之,不亦说乎。孔子的学习观,蕴含了"学"和"习"两个维度,"学"属于认知行为,"习"属于实践行为。一是好学不辍。"好学不已,诲人不倦""乐以忘忧,不知老之将至",就是孔子融学习入教育、政治、生活的生命状态。孔子自己也说:"十室之邑,必有忠信如丘者焉,不如丘之好学也。"二是坚持实践。坚持付诸实践,追求知行合一:植根于心,见之于行,且成为行为自觉。孔子的教诲,无疑是针对子贡性格特征开出的个性化药方。孔子开创因材施教的方法,体现了对生命的敬重,对个性的尊重,对人才规格差异性的价值追求,可惜,

---

①一:坚持知行合一。

我们现在却与这种方法渐行渐远。应试价值追求是因材施教的第一障碍，教材统一是因材施教的第二障碍，教辅统一是因材施教的第三障碍。教材教辅都统一了，教学还有什么个性可言，还有什么可能去因材施教呢？悲剧！

01

02

03

## 15.4　知德者鲜

> 子曰："由！知德者鲜矣。"

孔子说："由啊！懂得道德的人太少了。"

如今，懂得"道德"的人也很少。"道德"原本是指人的道和德的整体境界，因为缺少"道"的修养，于是反复强调"德"的高尚，导致"道德"成为德的代名词。"道"是指规律、思想、能力等，"德"是建立在"道"的基础上的相对稳定的心理结构及品质。很多人常常会自我安慰说："我辛辛苦苦干了30年，没有功劳也有苦劳。"其实大错特错。以教师为例，如果根本不懂得为师之道，忙了30年，岂不是误人子弟30年？当教师仅仅有爱是不够的——不能在爱的甜蜜中误人子弟；仅仅有责任心是不够的——不能以负责的名义不尊重教育规律；仅仅付出汗水是不够的——不能以奉献的名义虐待生命；还需要智慧，需要"道"的提升。否则，南辕北辙，做得越多，误人越深，何来高尚"道德"？

## 15.5 无为而治

> 子曰:"无为而治者,其舜也与?夫何为哉?恭己正南面而已矣。"

孔子说:"能够无作为而治理天下的人,那就是舜吧?他怎么做的呢?内心敬畏,端庄地面向南方坐在朝廷的王位上罢了。"

道家"无为而治"是返璞归真的方法,恢复老百姓的本心,任其自然发展。儒家"无为而治"显然是"有所为,有所不为"的,这个"为"就是礼乐教化走在前面。儒家"无为而治"的内涵:一是正己正人。统治者必须修己,必须身教,必须做出榜样("恭己")。二是礼乐教化。如果老百姓都懂礼,都有仁爱之心,都能同情弱者,都能帮助困难者,都能自觉遵守风俗习惯,天下也就可以大治了。三是垂拱而治。尽量少折腾基层,少折腾百姓,"民可,使由之",让老百姓自然发展,让市场来调节需求,让政府职能服务化,让社会管理模式尽量科学——小政府大社会。

## 15.6 言行忠信

> 子张问行①。子曰:"言忠信,行笃敬,虽蛮貊②之邦,行矣。言不忠信,行不笃敬,虽州里③,行乎哉?立则见其参④于前也,在舆则见其倚于衡⑤也,夫然后行。"子张书诸绅⑥。

子张问如何才能使自己到处都可以行得通。孔子说:"言语忠信,行为笃敬,即使到了遥远荒凉的蛮貊地区,也可以行得通。言语不忠信,行为不笃敬,就算是在自家门口、本乡本土,能行得通吗?站着,就仿佛看到'言忠信,行笃敬'这几个字显现在面前;坐车,就好像看到这几个字刻在车辕前的横木上,这样才能使自己到处行得通。"于是子张把这些话写在腰间的大带上。

40年前曾经流行一句话:"学好数理化,走遍天下都不怕。"这是以"器"行天下。在孔子看来,说话忠信、行事笃敬才能立于世界。中华人民共和国成立之初,出于反封建的考虑,对于传统文化持全面否定的态度;对于西方文化,持坚决抵制的态度;对苏联文化从全盘照抄,到全盘否定。在高等教育领域,20世纪50年代的院系调整人文社科被严重削弱,加上文化虚无主义摧毁,导致教育思想被严重扭曲,文化事业严重倒退。

---

①行:行得通、通达。②蛮貊(mò):对少数民族的贬称,蛮在南方,貊在北方。③州里:五家为邻,五邻为里。五党为州,即两千五百家。在这里州里指近处。④参:显现。⑤衡:车辕前面的横木。⑥绅:贵族系在腰间的大带。

改革开放初期，国人以仰望西方的态度，表现出对知识、科学、技术的如饥似渴，非常正常。科学技术迎来了补偿式的进步，经济社会迎来了井喷式的发展，但是面对西方各种思潮的冲击文化却无所适从，无所选择，无所建构。照搬西方行不通，回归传统文化又不知取舍，教育事业自身没有完成社会主义新道德、新伦理、新价值的建设，加上高考制度的缺陷，教育的道德首位一直没有落到实处。

今天，中国教育和中国社会终于到了必须面对"道"和"器"的问题的时期。中国基础教育在基础知识、基本技能掌握的程度上，几乎领先世界；但是创新能力不足，人之为人的道德水平滞后，也是不争的事实。中国经济总量排名世界第二，不少人油然而生土豪之气，但是缺少了类似于西方的贵族精神，缺少了传统的"士人"精神，学者也普遍缺少了批判意识和担当精神。信仰重建、理想重建、价值重建、伦理重建等，理所当然地成了时代转型和民族复兴的当务之急。所幸，2017年1月25日，国家从战略层面部署了优秀传统文化的传承创新工程，这是中国文化自觉、文化认同、文化自信、社会转型、民族复兴的标志性事件。

## 15.7　人格独立

> 子曰:"直哉史鱼①!邦有道,如矢②;邦无道,如矢。君子哉蘧伯玉!邦有道,则仕;邦无道,则可卷③而怀之。"

孔子说:"史鱼正直啊!国家有道,他的言行像箭一样直;国家无道,他的言行也像箭一样直。蘧伯玉真是君子啊!国家有道就出来做官;国家无道就辞官退隐,把主张收藏在心里。"

邦有道直率,邦无道也直率,这是"直人"子鱼。邦有道做官,邦无道归隐自保,这是"君子"蘧伯玉。《周易》说:"曲则成。"邦有道不可太直,邦无道更不可直。我也不赞成蘧伯玉的做法,更欣赏柳下惠的方式,因为邦有道需要为民谋福祉,邦无道更需要为民谋福祉。孔子儒家积极入世的情怀,决定了儒家士人的人生价值取向:我不行,我读书治学,改变我自己;社会不行,我先改变自己,再改变周遭,从而努力改变社会。当代知识分子,尤其是教师,应该有这样的心态:红尘滚滚,我心依旧,坚守人格,坚持用良知去教育学生,影响周遭的人。

---

①史鱼:卫国大夫,名鰌(qiū),字子鱼,他多次向卫灵公推荐蘧伯玉。②如矢:形容箭直。矢,箭。③卷:同"捲"。

## 15.8 惜言如金

> 子曰:"可与言而不与之言,失人;不可与言而与之言,失言。知者不失人,亦不失言。"

孔子说:"值得告诉他而没有说,可能失掉人才;不值得告诉他却对他说了,属于说话冒失。有智慧的人既不失去发掘人才的机会,又不说错话。"

语言是用来传播思想的,遇到本该与之交流的人而没有交流,那就失去了相互切磋思想和道义的机会,或者失掉了本可以相互影响的人。明知道是对牛弹琴,却滔滔不绝,显然属于冒失,言多必失,有时候不仅于事无补,还会惹火烧身,或者把局面变得异常复杂。智者不会失去任何发掘人才的机会,也不会冒失地对牛弹琴,这是社会伦理。面对学生,孔子的做法完全相反:有教无类,诲人不倦!

## 15.9 杀身成仁

> 子曰:"志士仁人,无求生以害仁,有杀身以成仁。"

孔子说:"志士仁人,没有为了自己活下去而损害仁的,有牺牲性命来成全仁的。"

"仁"是最高原则,是慈悲,是责任,是大爱。孔子称赞管仲的"仁",就在于他对国家和人民有贡献。在儒家语境中,"仁"也指心怀天下的气节,指士大夫的独立人格。杀身成仁,就是杀身以成就慈悲、责任、大爱、人格。这是儒家士人薪火相传的道义。

林觉民,本为福建富商之子,因为省亲路上目睹了乡亲父老在死亡线上挣扎的悲惨境况,萌发巨大的慈悲之心,决心要改变他们的命运,毅然参加革命,决然参加黄花岗起义,写下了每次阅读都令我泪流满面的《与妻书》,这是杀身成仁,成就自己的慈悲、大爱。秋瑾,本是富家小姐,后为官家太太,因不满清廷的黑暗统治,悲悯劳苦大众的苦难,毅然决然东渡日本,参加新党,以必死的决心发动武装起义,这是杀身成仁,成就自己的慈悲、责任。无数共产党人如李大钊、瞿秋白、方志敏等,为了自己的信仰,为了自己的理想,为了让全体中国人过上幸福生活,为了中华民族的伟大复兴,毅然决然放弃苟且偷生,为真理献出生命,这是杀身成仁,成就自己的理想和信仰。

每次想到这些先烈杀身成仁的壮烈,我的心情久久不能平静。今天的我们,为中华民族的伟大复兴而只争朝夕,还有什么不能放下的呢?还有什么值得计较的呢?还有什么不能奉献的呢?

## 15.10　先利其器

> 子贡问为仁。子曰:"工欲善其事,必先利其器①。居是邦也,事其大夫之贤者,友其士之仁者。"

子贡问怎样实行仁。孔子说:"工人想把工程做好,必须先准备有效的工具。住在这个国家,应该学习大夫中的贤者,与士人中的仁人交朋友。"

"藏器于身,伺机而动"就是知识分子的生活方式、生命状态。本章以借喻手法,启发后生加强学习、提升自己,然后才能抓住机遇。要实现仁,居住在一个国家,最好的方式是向大夫中的贤者学习,与士人中的仁人交朋友。有知识的人或有艺术修养的人未必都是知识分子,知识分子应具备儒家情怀、道义及批判精神,特指关切人类整体或民族国家整体生态和命运并坚守人类核心价值的知识群体,他们有核心价值追求,有独立的信仰和人格,最重要的是有批判精神和责任担当。这样的群体,道义相期,学术砥砺,时局混乱,敢于批评;天下有事,敢于担当。学者和教师,应当争当这样的知识分子!

---

①器:工具。

## 15.11　优化组合

> 颜渊问为邦。子曰:"行夏之时①,乘殷之辂②,服周之冕③,乐则《韶》舞④。放郑声⑤,远⑥佞人。郑声淫,佞人殆⑦。"

颜渊问怎样治理国家。孔子说:"按照夏代的历法耕作,乘殷代的木质车子,戴周代的礼帽,礼乐要用《韶》乐舞。禁绝郑国的乐曲,疏远巧言令色的人。郑国的乐曲浮靡不正,佞人太危险。"

有人据此章认为孔子是复古主义者,其实不然。此处孔子提出的是一个优化组合的改革方案,把最有利的资源整合起来,管理国家,这才是孔子追求的境界。林语堂先生曾经提出一个大同世界的理想方案:"世界大同的理想生活,就是住在英国的乡村,屋子里安装着美国的水电煤气等管子,有个中国厨子,娶个日本太太,再找个法国情人。"虽然是笑话,但其思维方式却与孔子相同,也是一个跨地域的优化组合方案。

先进与落后,从文化视域讲,不能以时间先后作为标准,也不宜以地域作为标准。比如音乐,我们能说《广陵散》比《阳关三叠》落后吗?我们能说《高山流水》比《春江花月夜》落后吗?比如说美术,我们能说西方美术比东方美术先进吗?我以为,黄公望作品的意境,西方美术无法望

---

①夏之时:夏代的历法,便于农业生产。②辂(lù):天子所乘的车。③周之冕:周代的帽子。④《韶》舞:舜时的乐舞,孔子认为其尽善尽美。⑤放:排斥、抛弃。郑声:郑国的乐曲,孔子认为是淫声。⑥远:远离。⑦殆:危险。

其项背；而中国传统绘画，在写实的准确性上，当然不如西方的油画。风格不同，无所谓先进与落后。艺术的价值、科学的价值不在于时间先后，不在于地域差别，要看对人的作用，对人类的实用程度，对人类发展的潜在推动力等。

由于历史和文献的局限，孔子不知道天下除了诸侯国之外，海外还有那么多国家，如果知道，他的改革方案，或许会更加精彩和前瞻。现代化关键是人的现代化，核心是国民性的改造。中华民族勤劳、俭朴、勇敢、智慧等优秀品质固然值得骄傲和自豪，但是国民性格里面还需要补充美国人的真诚、法国人的浪漫、英国人的绅士、德国人的严谨、瑞士人的精确等，优化重组，如是国民性更加完美。

## 15.12  远虑近忧

> 子曰:"人无远虑,必有近忧。"

孔子说:"人若是没有长远的考虑,一定会有眼前的忧患。"

孔门学问是伦理哲学,2500多年过去了,现在不用翻译,依然能领会于心。中国文化具有的强烈忧患意识,发端于儒学,所以每当大难临头,总有仁人志士承天命而振兴国家。对个人而言,如果没有长期的人生规划,没有人生的终极价值追求和目标追求,面对各种挫折当然避免不了忧愁、忧虑、忧惧。但是,如果有终极目标和价值追求,人往往可以百折不挠,甚至抛头颅、洒热血也在所不惜。

对城市而言,缺乏前瞻性的长远规划,会带来无穷的城市后遗症。很多城市,30年前、20年前甚至10年前,都没有科学规划地下排水系统,而今高楼林立,却不得不承受80%以上楼宇生活污水直排的尴尬,有些千万人以上的城市却只有两个污水处理厂,地下截污管道覆盖率不到30%。面对这样的城市规划,面对这样的城市排污系统,面对那么多任城市管理者留下的规划短视后遗症,继任者就算是有通天的本领,也无能为力啊!为当代,为子孙,为民族复兴,我呼吁国土规划以立法方式实行终身责任制,从根本上消除短视规划和随意修改规划。

对国家而言,也是如此,没有长远规划,没有战略思维,面对风云突变就会束手无策。改革开放40年,追求GDP的高速增长,没有错,但是没有在"摸着石头过河"的初期做好顶层设计和战略规划，如今自然生态、经济生态、人文生态破坏严重，留下的不是近忧，而是永远的伤痛。今天，以史无前例的勇气和力度治理各种污染，是在偿还过去短视行为留下的债务！多么渴望，今天的各级地方政府不再欠下新的规划债务，否则我们永远偿还不清！

感悟

01

02

03

## 15.13 好德如色

> 子曰:"吾未见好德如好色者也。"

孔子说:"我没有见过如好美色一样好德的人。"

好色是人的本性,发乎真诚,无须提醒,无须努力。好德却不是人的本性,而是自我修为,需要外在的约束力量,更需要内在的控制力量。虽然仁德属于本心本性,但是经受世俗污染的心灵,要实现"复性"目标,也需要付出外在的努力。随着年龄的增长,我越来越包容,越来越平和,越来越谦和,主要得益于几十年如一日的读书习惯,尤其是近10年研究儒家经典,每天"三省吾身",逐步达到30岁后心中无恨、40岁后心中只有爱的境界,内心深处充溢着无限的慈悲和博爱!

教育最崇高的目标,不是求知,也不是求职,而是"致良知";尤其是社会转型时期,面对从价值多元到价值迷失的困局,教育最重要的使命就是恢复人类的天真,守护人类的天性,重建正义的价值体系和伦理情怀,并让人的行为成为良知驱动下无须提醒的自觉。教育只有回归"人之为人"的本质追求,才能够支撑中华民族的伟大复兴!

## 15.14　贤人政治

> 子曰:"臧文仲其窃位①者与!知柳下惠②之贤而不与立也。"

孔子说:"臧文仲是一个窃居官位的人啊!明知柳下惠贤能,却不举荐他。"

家谱记载,柳姓始祖是柳下惠和盗跖,但无法考证其真实性。柳下惠名垂千古的是他"坐怀不乱","坐怀不乱"不是不好色,而是德的约束力使然。但柳下惠之贤,主要不在"坐怀不乱",而在于邦有道,柳下惠为官,为民造福,为人君分忧;邦无道,柳下惠也为官,不是为昏君分忧,而是尽可能为百姓谋福祉。至于臧文仲之流,当今之世也不少,窃据要位,自己不能作为,又不能选贤任能,还嫉贤妒能打击敢于担当、善于担当者。为官一任,祸害一方!痛心哉!

---

①窃位:身居其位却不称职。②柳下惠:春秋中期鲁国大夫,姓展名获,又名禽,他受封的地名是柳下,"惠"是他的私谥,所以人称其为柳下惠。

## 15.15　薄责于人

> 子曰:"躬自厚而薄责于人,则远怨矣。"

孔子说:"宅心仁厚而少责备别人,那就可以避免别人的怨恨了。"

我在武汉担任校长时,年仅26岁,算是当时武汉最年轻的校长。上任前长者叶细幼先生找我谈话,他告诫我:从上任之日起,意味着所有的过错和责任都是自己的——因为你是一把手,对下级要尊重、宽容、体谅,这样才有威信。人生何其幸运,能得长者如此真诚的教诲,哪里敢有丝毫懈怠!从那时开始,我养成了不与下级争功的管理风格,成绩归功于下级和同事,因为的确是依靠他们干出来的,失败的责任主要自己承担,绝不推诿。叶细幼先生生前在当地有着崇高的威望,其血脉中应该是有着儒家管理哲学的基因。传承叶细幼先生的遗风,宽以待人,严于律己,成了我数十年来努力的方向和毕生的坚守!非常遗憾,现在的官场风气与孔子儒家的管理智慧背道而驰!

## 15.16　善于担当

> 子曰:"不曰'如之何,如之何'者,吾末①如之何也已矣。"

孔子说:"遇事不想想'该怎样做,该怎样做'的人,我不知能拿他如何是好。"

现实生活中,我们也经常遇到有些人对什么事都表态:"没问题,好好好,请放心。"为政最怕这种人。一事当前,应当从最坏处打算,向最好处努力,多思考怎么办,才可能走向成功。官员要勇于负责任,要敢于担当,要善于担当,那就需要不断调查研究,不断提出解决问题的思路和方法,不断推进社会事业向着有利于大众的方向发展。为教也怕这种人。教师的良知和责任,应当体现在对自己和学生行为的反躬自问:怎样做才是最好的?怎样教育才符合教育教学规律?怎样指导学生才行之有效?怎样才能发现和发展学生的潜能和优势特长?……因为教育产品具有不可逆性,生命只有一次,各种智力发展关键期也几乎只有一次,错过了就永远无法弥补。

---

①末:没有办法。

## 15.17 言不及义

> 子曰:"群居终日,言不及义,好行小慧,难矣哉。"

孔子说:"整天群居,言谈从来不涉及道义,专好卖弄小聪明,真难啊。"

顾炎武把宋代知识分子划分为两类:一类"群居终日,言不及义",他们面对国家存亡,没有思想,没有主张,没有策略,也没有正义和道义,枉为读书人,根本不配做"士人";另一类"饱食终日,无所事事",拿着国家的俸禄,却不知道要做什么,能做什么,浑浑噩噩,虚度光阴,优哉游哉,浑然不知国家处在危险之中。其实,整个宋代,国家治理耽误在这两类读书人手里,国家命运也毁在这两类读书人之手。

一个社会,如果"群居终日,言不及义,好行小慧"的人多了,甚至窃据了社会的诸多主要岗位,这个社会就处于危险之中。甲午战争时清朝的腐朽溃败,源头就在于这样的官僚太多,而且满朝上下,找不到三个远见卓识者,清军上下也找不到几个能拿出破敌之策的人,即便有这种人,因为体制机制的制约和奴才文化的戕害,也没有脱颖而出的机会——容闳就是个典型例子,对于两次中日战争,他都有很好的策略,但是中国当时体制让他无容身之地,他只能发出"有心报国,无力回天"的感慨!

一个时代,如果读书人或者官僚阶层,聚在一起不再谈理想,不再谈信仰,不再谈价值,不再谈国是,而只谈金钱,只谈美女,只谈享乐,只谈权力，意味着什么呢？意味着繁荣背后的虚弱，意味着强大背后的脆弱，意味着国家处在危险之中。南宋是也，晚明是也，晚清是也！期待中国当代知识分子，能够充分关注社会，重建忧患意识，重树批判精神，为自己，为国家！

感悟

01

02

03

## 15.18 君子本色

> 子曰:"君子义以为质,礼以行之,孙①以出之,信以成之。君子哉!"

孔子说:"君子以义为本质,以遵行礼的方式推行义,以谦逊的方式表达义,用诚信的方式实现义。这就是君子啊!"

原生态儒学中倡导的宗教性个人道德,对今天的社会公德仍有积极的规范意义和借鉴价值。"君子人格"则是儒家道德修养的理想。至今,中国人仍旧保留了"君子人格"范式,儒家"君子人格"理念属于一种目标激励范式。孔子的人格范式中有圣人、贤人、志士、仁人、君子等,但是孔子大力推崇的是"君子"范式。孔子曾经说:"圣人,吾不得而见之矣,得见君子者斯可矣。""圣人"高不可攀,"君子"可以炼成。《论语》当中"君子"一词先后出现了107次,可见孔子重视"君子"人格的程度之高。君子之可贵:以良知担当道义,以礼制推行道义,以谦逊表达道义,以诚信实现道义。如今,公职人员尤其是教师,需要这种精神,需要这种人格。

---

①孙:同"逊",谦逊。

## 15.19　君子之病

> 子曰："君子病①无能焉，不病人之不己知也。"

孔子说："君子担心自己没能力，不担心别人不了解自己。"

本章和 1.16 章、4.14 章、14.30 章中，孔子 4 次劝诫学生和天下读书人，不要担心和埋怨别人不了解自己，不要发怀才不遇的牢骚，要担心的是自己的道德修养和学术修养是否达到高境界，能力是否适应岗位或社会的要求。

读这一章，颇有心得。2003 年我曾经参加联合公选，数千人之中笔试成绩第一，以为竞争的岗位非我莫属，结果却意外；是继续维持现有的生活节奏和工作方法，追求岗位的上升，还是追求内涵的提升呢？此时，我正在研究的《论语》告诉我，选择后者，改变内心，改变命运。一夜之间，我从公众的视野中消失了：继续当背包客访问世界各地的中小学；开始利用闲暇读书、思考、写作；开始把主要的业余精力集中到儒家元典《论语》的研究，完成《论语》的教育视域的解读，完成自己教育思想的提炼和建构，并且对数十年来处于温水煮青蛙状态的基础教育提出了相对完整的反思和批判。

当我再次出现在公众视野中的时候，内心、内涵、内力、境界等焕然一新；仿佛凤凰涅槃，学习成为我的生活方式、工作方法、生命常态、性格特征！我不再追求功名，转而追求生命的永恒，孔子儒家"反求诸己"的人生智慧改变了我的命运！

---

①病：担忧，忧虑。

## 15.20　君子之忧

> 子曰："君子疾没世①而名不称焉。"

孔子说："君子担心去世以后他的所作所为与盛名不相符。"

知识分子当有"了却君王天下事，赢得生前身后名"的追求，不过了却的是国家事、百姓事、自己的心事。很多人在职的时候前呼后拥、不可一世，不在职就从此沉寂了，更不要说百年之后了。活着的时候就已经死掉了，何来流芳百世？因为这些人没有君子人格，没有君子学养，没有君子风度，没有君子的追求。

孔子曾经是优秀的语文教师、优秀的政治教师、优秀的历史教师、优秀的哲学教师、优秀的音乐教师、优秀的心理教师、优秀的劳动技术教师、优秀的军事技术教师，也是一个优秀的校长，一辈子都在颠沛流离，曾经落寞，但是却发愤忘食，乐以忘忧，终身求道，完成了典籍文献整理，完成了教材编撰，完成了自己的学术思想建构，最终奠定了自己在历史长河和文化长河中的独特地位。没世之后，犹如恒星高悬宇宙，指引中国人从蒙昧走向文明，现在他的思想正在指引天下人走向文明！

教师的价值追求，当在百年之后！

---

①没世：死亡之后。

## 15.21 反求诸己

> 子曰:"君子求诸己,小人求诸人。"

孔子说:"君子向内寻求动力,小人向别人找借口。"

曾子曰:"同游而不见爱者,吾必不仁也;交而不见敬者,吾必不长也;临财而不见信者,吾必不信也。三者在身,曷怨人!怨人者穷,怨天者无识。失之己而反诸人,岂不亦迂哉!"大意为:"同游不被亲近,那是因为自己不仁厚;交往不被尊敬,那必定是自己没有过人之处;临近财物而不被信任,那是因为自己没有诚信。三者都在自身,怎么能够怨别人呢?怨恨别人会陷入困境,怨恨上苍的人没有见识。自己的失误却去指责别人,岂不是太迂腐了吗?"这就是儒家的伦理哲学,成败由己,成败由心,多找自身原因,多在内心深处反思。为政应如是,为教亦如是。果真如此,人生精彩,家庭兴旺,事业辉煌。

## 15.22　不争不党

> 子曰:"君子矜①而不争,群②而不党。"

孔子说:"君子矜持而不争名利,合群而不搞小团伙。"

矜持是君子的重要品质,是内心庄重而外表端庄。红尘滚滚,物欲横流,人处其间,需要矜持。朋友说矜持意味着虚伪,非也,如今对于女性来说,矜持已经是奢侈品;对于男性来说,矜持,却是一种自我保护。这个世界诱惑太多太大了!君子乐天知命,豁达大度,善于与人相处,温文尔雅,待人真诚厚道,但是不结党营私,不争蝇头苟利,只争国家民族大义。现在的社会结构中,以价值为纽带的团体不容易合法化,以信仰为纽带的团体不容易合法化,以宗教为纽带的团体也不容易合法化,以学术为纽带的团体虽然合法化了,但是因为式微而无法影响社会,倒是那些同乡会等以利益为纽带的团体得到了默认或承认!社会是否应该给君子更多的空间和自由呢?

---

①矜(jīn):矜持,庄重。②群:合群,指容易相处。

## 15.23　君子之言

> 子曰："君子不以言举人，不以人废言。"

孔子说："君子不因说得好听就举荐某人，也不因自己不喜欢某人而否定其说的话。"

不以言举人容易做到，不以人废言难啊。巧舌如簧的人，未必人品好；有些人或许有缺点，但其思想也有可取之处，不能因为自己不喜欢或当事人不在台上就忽视他有价值的思想。中国世俗文化，决定了在台上什么都好，下台了就因人废言。前任的主张明明正确，却一定要按照现任的意志去说去做。君子重义，行礼，逊言，诚信，不患人之不己知，矜而不争，群而不党，求诸己而不求诸人，不以言举人也不以人废言。做到了不仅是君子，也可以谋大事、成大业。

## 15.24 恕是智慧

> 子贡问曰:"有一言而可以终身行之者乎?"子曰:"其'恕'乎!己所不欲,勿施于人。"

子贡问孔子道:"有没有一个字可以终身奉行呢?"孔子回答说:"那就是'恕'吧!自己不想要的,不要强加给别人。"

"恕"是包容,对别人缺点的包容,对差异的包容,对世间万物的包容,对宇宙百态的包容。"恕"是一种教育方法,包容一切生命体,包容学生的差异性,包容人才的差异性,体现了对生命个体的敬畏和尊重。义务教育阶段,凭一次作业,或者凭一个学科的学业成绩,就给孩子做定性评价,简直是犯罪。同样,我们小学阶段以分数排名,给学生定性,也是犯罪。教育的产品不一样才精彩,没有对个性的尊重包容,就没有成功的教育。

"恕"是一种生活方式和生命状态,原谅别人就可以解放自己,生活在嫉妒中受害最深的不是被嫉妒者,而恰恰是自己。因为放下,所以洒脱;因为放弃,所以自由。"己所不欲,勿施于人"已经成为全人类认同的伦理情怀和价值追求。人与人之间、上下级之间、群与群之间、国与国之间,能够"己所不欲,勿施于人",世界从此太平。

## 15.25 毁誉有道

> 子曰："吾之于人也，谁毁谁誉？如有所誉者，其有所试①矣。斯民也，三代之所以直道而行也。"

孔子说："我对于人，诋毁过谁？赞美过谁？如有所赞美的，必曾经考证过。夏商周三代的人都这样做，所以三代能直道而行。"

有所赞美，必有考证。赞美一个人，必须与事实相符，至少是与事实基本相符，如此褒扬才能对当事人、非当事人产生激励或引领作用。言而无据，信口雌黄，则表扬贬值，褒扬就不再有价值。从管理学上讲，当表扬不实事求是，对那些未受表扬的对象就是打击，甚至是大面积的打击，对领导者的非权力影响力也是一次能量耗散；批评，如果不实事求是，对被批评者必然是深度的伤害，对自己在被批评者心目中的非权力影响力也是一种耗散。但是，一对一的激励就另当别论了。我曾经应朋友的要求，指出其优点，我数出了10多个优点，没有想到朋友居然洞若观火："你讲的不是我的优点，而是你对我的期待，是你希望我今后努力的方向；我会朝这些方向努力！"做教育，肯定、鼓励能强化学生露出苗头的优点；给予恰到好处的赞扬，能够产生皮格马利翁效应！我在很多场合曾非常坦荡地宣布："我可以选择沉默，但是说出口的必是真话。"——对自己信任的人如此，对怨恨自己的人亦如此！虽然世俗或不能见容，我依然坚持说真话，依然坚持正道直行！

---

①试：考证。

## 15.26 民风淳厚

> 子曰:"吾犹及史之阙文①也,有马者借人乘之②,今亡矣夫?"

孔子说:"我还能够看到史书存疑的地方缺而不记,有马的人自己不会调教就将马先借给别人骑,这种风尚今天没有了吧?"

很多学者觉得这一章难解,其实不然。"吾犹及史之阙文也"是事实,孔子借以赞美古之良史秉笔直书和实事求是的精神,这一句仿佛《诗经》起兴之笔。下一句"有马者借人乘之"才是重点:"自己有马不会骑,先借给会骑的人使用。"表明自己本着实事求是的精神,推断三代社会风俗的淳朴是有根据的。在原始农业社会,马是最重要的交通工具,一匹马可以换几个奴隶,一匹马对于普通家庭的价值,高于汽车对于现代普通家庭的价值。但是,如果自己不能骑,就先借给会骑的人,使马发挥其作用。民风淳厚朴素如此,难道不值得赞美吗?

---

①阙文:史官记史,遇到有疑问的地方便缺而不记,这叫"阙文"。②有马者借人乘之:有马的人自己不会调教,而借给别人先骑着。

## 15.27　巧言乱德

> 子曰："巧言，乱德。小不忍，则乱大谋。"

孔子说："花言巧语，败坏德行。小事不忍耐，就败坏大局。"

孔子曾经说："巧言令色，鲜矣仁。"此处又说："巧言乱德。"我遍读二十五史也没有发现花言巧语的人中有道德高尚的。"小不忍，则乱大谋"的例子倒是举不胜举。项羽力可拔山，面对功臣封赏的要求，封印做好了，在手上磨玩得字迹都模糊了，还是舍不得奖给功臣，最终被困垓下，在四面楚歌中自刎乌江。刘邦泗水一亭长，力量和人格几乎都不如项羽，在韩信提出必须以封齐王作为出兵条件的时候，也曾犹豫，但是最终听了谋士的话，慷慨封韩信为齐王，于是才有韩信率大军背水列阵大败项羽，直至围困项羽于垓下，终至其全军覆没。刘邦和项羽是典型的小不忍则乱大谋的正、反案例。君子当成大事，舍不得局部利益，丢掉的可能是全局！

## 15.28 善恶难辨

> 子曰:"众恶之,必察焉;众好之,必察焉。"

孔子说:"大家都厌恶他,我必须要考察他;大家都喜欢他,我也一定要考察他。"

读本章心情异常沉重。清朝皇太极用反间计,误导崇祯皇帝轻信袁崇焕是内奸,将袁崇焕凌迟处死,活活地剐了3543刀,袁崇焕才气绝身亡。行刑时,北京万人空巷,万人唾骂袁崇焕,万人争抢袁崇焕之肉,啖之而以为荣。但是,有几个人知道崇祯杀了自己的擎天柱?有几个人知道袁崇焕是明朝最后的长城?众人所好如希特勒者(二战期间,希特勒曾经被德意志民族大多数人奉为英雄),未必是好人。众人所恶如袁崇焕、苏格拉底者,未必是坏人。中华民族的伟大复兴,期待和需要理性与价值体系的重建!

教师给学生撰写评语切忌轻易做结论,众人说好未必是好人,众人所恶未必是坏人,教师怎么能够凭一己一时之好恶给学生下结论呢?给学生的评语应当是描述性、期待性的,对尚未成熟的学生,任何结论性的东西都有可能是错误的,都可能成为学生发展的桎梏,都可能毁掉学生的一辈子。不可不慎啊!

## 15.29 人能弘道

> 子曰:"人能弘道,非道弘人。"

孔子说:"人能够弘扬道,不是道能增加人的名望。"

人弘扬道,是君子以天下为己任的积极作为。反之,以道弘人,目的在于装点门面,非君子所为。学界嘲笑现在中国最大的博士群不在高校,不在商海,不在企业,而在政府。初听好笑,细想悲哀。政府中的博士,是人弘道呢,还是道弘人呢?读者自鉴。

## 15.30 过而不改

> 子曰:"过而不改,是谓过矣。"

孔子说:"有了过错而不改正,这真就是错了。"

"人非圣贤,孰能无过?"儒家提倡包容,不是不允许犯错误,而是犯了错误必须认识错误,改正错误。楚庄王沉湎酒色,过而能改,终于"不鸣则已,一鸣惊人",成为春秋五霸之一。唐太宗过而能改,开创了盛唐气象。晋灵公残暴成性,过而不改,进谏者往往会被晋灵公派人杀掉,结果晋灵公自己被赵盾的族人杀掉,身首异处。从事政治活动,尤其要善于听不同意见,善于发现自己的缺陷和不足,这样才能少犯错误,少走弯路,少浪费民脂民膏。从事教育事业,更要反省自己教育行为的科学性和可行性,因为教育的对象及其成长过程具有不可逆性,任何错误对学生的影响都是终身的、不可预测的。

## 15.31　学思结合

> 子曰:"吾尝终日不食,终夜不寝,以思,无益,不如学也。"

孔子说:"我曾整天不吃,彻夜不睡,左思右想,没什么收获,还不如学习效果好。"

学术的建构必须成体系,仅仅靠思考是远远不够的。我重注《论语》,从2003年开始,历时10多年,面对很多前人读错的东西,一时找不到佐证资料,就只好停下来读书和研究。时间久了,读的书多了,体会深刻了,继续写,继续打磨,于是才有了自己的主张。《论语心读》自2014年8月首版,4个月3次重印,销量背后是读者的认同,也突然增加了我无限的责任感和使命感:我不能误导苍生,必须继续研究《论语》,力求不断完善,争取每隔两三年出一个新版本,让每个华人都读到《论语心读》,也让《论语心读》走出国门,走向世界,走进人心,改变人心。

人类文明发展到今天,"眉头一皱,计上心来"的简单原创发明,已经基本完成。新知识、新发现或者在学科尖端处,或者在学科结合部,或者在知识的融合过程之中,离开学习,一味冥思苦想,将一无所获。孔子作为教育家,在学习理论方面也没有缺位,学思结合,学思一体的方法论,依然彰显其独特价值。

## 15.32　君子忧道

子曰："君子谋道不谋食。耕也，馁①在其中矣；学也，禄②在其中矣。君子忧道不忧贫。"

孔子说："君子谋求道而不谋求吃饱吃好。即使亲身耕田，也可能饿肚子；坚持学习，有可能拿到俸禄呢。君子担心修道不成，不用担心清贫。"

君子忧道不忧贫，君子藏器于身，则可以伺机而动。朋友曾经问我的过人之处是什么？我回答：唯一可以引以为自豪的是几十年如一日坚持读书，坚持求道，除此外，别无长处。虽不敢以君子自居，但是数十年如一日坚持读书，节假日足不出户读书，修养在读书中提高，才气在读书中增长，胸怀在读书中拓展，价值在读书中明晰，生命在读书中提升，命运在读书中改变。不太在意吃什么、穿什么，不太在意别人说什么（除非说得有道理），而在意自己的学养，在意自己的胸怀，在意自己的境界，在意自己的学术，在意自己的事业，在意自己的贡献。

---

①馁（něi）：饥饿。②禄：做官的俸禄。

## 15.33 顶层设计

子曰:"知及之①,仁不能守之,虽得之,必失之。知及之,仁能守之,不庄以莅②之,则民不敬。知及之,仁能守之,庄以莅之,动之不以礼,未善也。"

孔子说:"凭聪明得到位置,不能坚守仁德,即使得到,也定会失去。凭聪明得到位置,如能坚守仁德,但如果不用持重恭敬的态度管理百姓,那么百姓就不会尊敬。凭借聪明得到,以仁德保持,也能用端庄恭敬的态度管理百姓,但行动不合礼义,那也是不好。"

"仁"是儒学的核心,是从天子到庶人的最高准则,是个人品德、君王人格、国家国格的顶层设计。但是,实现"仁"的境界,却需要礼治来维持,需要智慧来坚持,需要诚信来坚守。"仁"是包容,是慈爱,是关怀,是责任,是使命,是担当,是大局,是大爱。没有礼治,"仁"将没有适合的表现形式。没有智慧,"仁"将没有尝试的路径。没有诚信,"仁"将没有实现的保证。"一带一路"的胜利其实是"仁道"的胜利,美国模式的失败本质上是"霸道"的失败。孔子儒家的顶层设计是超越国界的全人类的哲学智慧。

---

①知:同"智"。②之:此处指禄位和国家天下。莅(lì):临,到的意思。

## 15.34 善待自己

> 子曰:"君子不可小知而可大受也①,小人不可大受而可小知也。"

孔子说:"君子不可以小聪明,可以承担重大使命。小人不可以承担重大使命,却可以有小聪明。"

君子可当大任,但未必事事精通。小人不可当大任,但未必没有一技之长。君子小人,人尽其才,这才是当代人力资源管理的准则。德国著名的化学家瓦拉赫年轻的时候曾经选择文科道路,走不通,后来又选择绘画的道路,又走不通;化学老师让他选择了化学,最终成为巨匠。上苍安排任何一个人来到这个世界,都是有道理的,都有各自的长处和优势。"瓦拉赫效应"告诉我们,教师除了要善于发现学生的"闪光点",还要对学生充满爱心与信任。化学老师正是发现了瓦拉赫"一丝不苟"的闪光点,给予充分的肯定与信任,让瓦拉赫获得自信和成功。同时,瓦拉赫的故事还告诫广大教师千万不要过早地给学生下定论,特别是对学生前途的"失望性"结论。因为,它只会带来错判与遗憾。请记住这样的忠告,最不能预言的是孩子的未来,而给学生下不良定论的教师是世界上最缺乏远见、最愚蠢的教师。

---

① 小知:小聪明。受:责任,使命,承担大任。

瑞士有位学者指出:"教育的最终目的在于发展各人天赋的内在力量,使其经过锻炼,能人尽其才,在社会上赢得他应有的地位。"大量事实告诉我们,一个人的命运,很大程度上取决于他所受的教育,什么样的教育就会培养出什么样的人才。任何人都没有自暴自弃或被人遗弃的理由:因为是你,所以精彩;因为是我,所以精彩。善待自己,世界和未来都可期待!

感悟

01

02

03

## 15.35 人而不仁

> 子曰:"民之于仁也,甚于水火。水火,吾见蹈而死者矣,未见蹈仁而死者也。"

孔子说:"百姓们对仁(的需要),比对水火(的需要)更加迫切。我只见过人跳到水火中而死的,却没有见过为了实行仁道而死的。"

人而不仁,不是百姓之过,而是当政者之失也。当今社会,仁心缺失,那是因为我们对传统文化做过多次否定和扫荡。人心不古,在于政治,而不在于百姓。民族复兴在于文化,在于精神,而不在于物质。传承发展优秀传统文化是中国文化的自觉,也是中国民族复兴的序幕。

## 15.36 当仁不让

> 子曰:"当仁,不让于师。"

孔子说:"追求仁道,不必谦让于老师。"

仁德是孔子儒家最高的道德准则,甚至高于师道,汉代伪儒学大师董仲舒才是"师道尊严"的始作俑者。孔子以人为本的哲学思想,反映到教育事业就是以生为本,孔门教育师生平等仿佛现代欧美的师生关系,孔门师生关系之融洽、思想之自由、教学之民主,远远超乎现代人的想象。例如子路怀疑孔子见卫国夫人南子的目的,竟然可以生气地质问老师。师生之平等以至如是,当仁自然不能让于师。

## 15.37　君子不谅

子曰:"君子贞①而不谅②。"

孔子说:"君子固守正道,讲大节识大体,而不拘泥于小信用。"

孔子曾说"言必信,行必果",这不是君子的作为,而是小人的举动。诚信必须是建立在仁、道、礼之上,如果离开了仁、道、礼,那些小小的信用有什么价值呢?诚信必须看对象,对有诚信的人可以讲诚信。日本1945年战败投降的时候,宣称无条件接受《波茨坦公告》,如今却公然置《波茨坦公告》于不顾,强词夺理说钓鱼岛是日本的固有领土,与中国没有领土争议,如此不讲诚信,举世唯一!

①贞:正。②谅:信,守信用。

## 15.38　君子忧道

> 子曰:"事君,敬其事而后其食。"

孔子说:"侍奉君主,要恭谨尊敬地为君主办事,其后的俸禄是自然而然的事情。"

君子忧道不忧禄。君子忧道,君子有道,自然有禄!客观上讲,古往今来,在学习和实践中可以增长才干,一个人眼界越开阔,境界就越高,道行就越深厚,能力就越强,贡献就越大,而社会的回报往往与个人修养呈正相关——付出越多,社会回报你的越多!如果从精神层面上讲,自己的收获就更多了,自己收获了道,收获了精神,收获了气质,收获了充实,收获了自信,收获了独立人格,收获了边学习边干事业的成功感! 用马斯洛的话说:"收获了自我价值实现的快感!"

## 15.39 有教无类

> 子曰:"有教无类。"

孔子说:"人人都可以接受教育。"

有教无类是孔子的教育思想,也是人类最重要的教育价值观。孔子说:"自行束脩以上,吾未尝无诲也。"大意是:男子15周岁,行束脩之礼,愿意学习我全收。老先生开民办教育先河,开平民教育先河,开教育有教无类的先河,把教育从宫廷转移到民间,通过教育改变命运,通过教育给予平民发展权,何其伟大!因为有教无类,所以孔门弟子既有富甲一方的子贡,也有贵族子弟孟懿子、南宫敬叔,还有"在陋巷,人不堪其忧"的颜回和"朽木不可雕"的宰我!

可惜,中国现代教育恰恰丢失了有教无类的儒家情怀。当今中国教育"有教有类":宏观——地域教育文化、投入、软件、硬件差异天壤之别;中观——校与校之间师资、科研、设备、设施差距悬殊;微观——在老师的教育教学行为中,关注高分的学生多、关注低分的学生少,关心富贵子弟的多、关注贫困子弟的少,如此种种。可怕的是,这些差距还在遵循"马太效应"继续扩大。更可怕的是,阶层固化,因为教育不公平,弱者、贫者的上升通道更加狭窄!教育不再成为社会公平的助推剂,反而成为社会不公平的催化剂!

问题的症结:地方政府往往热衷于发展优质教育或扩大优质教育覆盖

面，在社会需求引导下政府主导制造不公平的教育供给；供给起点已然不公平，过程又无穷无尽地强化不公平。改革方向：一是以立法形式，从教育的供给侧深化改革，提供全国或省域范围内相对公平的基础教育服务，杜绝过度投入和重复建设。二是教师的工资如军人工资一样，全国一个标准（至少省域同一标准），让教师成为贫困地区最受人尊重和羡慕的职业。三是义务教育生人均教育经费全国一个标准（至少省域同一标准），随着学籍同步异动，让每个流动人员子女享受同等国民待遇的义务教育。

感悟

01

02

03

## 15.40　不谋同一

> 子曰："道不同，不相为谋。"

孔子说："主张不同，不谋求同一。"

此章不能理解为：彼此主张不一致，所以不相来往，不相交流。正确的理解：彼此主张不同，但是不谋求对方与自己同一。证据一：整部《论语》列举了道家、农家、隐者等各色人物，对儒家代表人物孔子的批判和非难、刁难，但是没有记载孔子或其弟子对其余各家的反驳或批评，由此可见儒家的包容智慧，这种包容就是"和"的精神。证据二：孔子曾经强调："攻乎异端，斯害也已。"意思是攻击其他学派，害处太大了。又说："君子和而不同。"君子可以包容不同的人，但是不会被与自己志趣不同的人同化。证据三：儒家学派创始人孔子，本身曾经向道家老子问道，曾经向隐者请教，曾经向师襄子学音乐。孔子自身的包容性和孔子、儒学吸多家之精华的事实，决定了他的学术主张绝非唯我独尊。

"和"作为儒家重要的哲学范畴，一直影响着中国人的社会、政治、教育和伦理。周恩来在20世纪中叶的万隆会议上之所以取得巨大成功，很大程度上就是周恩来把儒家"和"的精神，发挥得淋漓尽致，让亚非拉国家感受到中国作为大国对小国及地域文化的尊重，周恩来的儒者风度也因此得到全世界的认可。

## 15.41 辞达而已

> 子曰:"辞达而已矣。"

孔子说:"言辞只要能表达意思就行了。"

写文章、作讲演,辞达而已。这个标准太经济,太朴实。当今之世,学术界可不是追求"辞达",学术八股文,洋洋洒洒,数万言乃至数十万言,却词不达意,不知所云,但往往这些东西却大行其道。因为他的文章或演讲谁也不懂,所以很多心虚的人,担心不说好可能会被认为层次太低,而不敢提出己见。官场也是如此,一些官僚开会,5分钟可以说完的话,偏偏要滔滔不绝讲上一两个小时。殊不知人一生没有多少一两个小时,殊不知生命的每一秒都是不可逆的。

## 15.42 相师之道

> 师冕①见，及阶，子曰："阶也。"及席，子曰："席也。"皆坐，子告之曰："某在斯，某在斯。"
>
> 师冕出，子张问曰："与师言之道与？"子曰："然，固相②师之道也。"

盲人乐师冕来见孔子，走到台阶沿，孔子说："这是台阶。"走到座席旁，孔子说："这是座席。"等大家都坐下来，孔子告诉他："某某在这里，某某在这里。"

师冕走了以后，子张就问孔子："与乐师论道了吗？"孔子说："是的，这就是帮助乐师的道啊。"

相师之道，助人之道，仁爱之道，就是儒家的人本之道。家父中年，对教师尤其是青年教师，对学生尤其是贫困学生，都非常尊重，甚至近于谦卑，我曾经深感疑惑，也曾经不以为然。30岁以后，我逐渐明白，家父做人到了很高的境界，明显有儒家人本情怀，显然受《论语》的影响。家父对那些弱者的帮助，尤其是对贫困学生的资助，从来不遗余力，太多的感人事迹和细节留在我的记忆里，也流在我的血液里，成为我的人格特征。

①师冕：乐师，这位乐师的名字是冕，古时候的乐师一般都是盲人。②相：帮助。

我常说："是人就应当尊重！"其实，这既是父亲生前的惯用语，也是我对家父谦和品质的传承。每读"后生可畏，焉知来者之不如今"，敬佩家父内心的慈爱和涵养的深厚。每读本章，深感儒家对人的尊重与关怀远胜于西方。

感悟

01

02

03

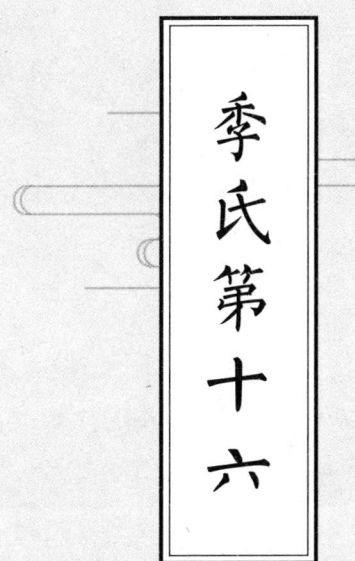

季氏第十六

## 16.1 萧墙之祸

季氏将伐颛臾①。冉有、季路见于孔子曰:"季氏将有事②于颛臾。"

孔子曰:"求。无乃尔是过与?夫颛臾,昔者先王以为东蒙主③,且在城邦之中矣,是社稷之臣也。何以伐为?"

冉有曰:"夫子欲之,吾二臣者皆不欲也。"

孔子曰:"求。周任④有言曰:'陈力⑤就列,不能者止。'危而不持,颠而不扶,则将焉用彼相⑥矣?且尔言过矣,虎兕⑦出于柙⑧,龟玉毁于椟⑨中,是谁之过与?"

冉有曰:"今夫颛臾,固而近于费⑩。今不取,后世必为子孙忧。"

孔子曰:"求。君子疾夫舍曰欲之而必为之辞。丘也闻有国有家者,不患寡而患不均,不患贫而患不安。盖均无贫,和无寡,安无倾。夫如是,故远人不服,则修文德以来之。既来之,则安之。今由与求也,相夫子,远人不服而不能来也,邦分崩离析而不能守也;而谋动干戈于邦内。吾恐季孙之忧,不在颛臾,而在萧墙⑪之内也。"

---

①颛臾(yú):鲁国的附属国,在今山东省费县西北有颛臾村,当为古颛臾之地。②有事:发兵,用兵。③东蒙:蒙山。主:主持祭祀的人。④周任:人名,周代史官。⑤陈力:发挥能力,按能力担任适当的职务。⑥相:辅助。⑦兕(sì):雌性犀牛。⑧柙(xiá):用以关押野兽的木笼。⑨椟(dú):匣子。⑩费(bì):鲁国季氏的采邑。⑪萧墙:鲁君所用的照壁屏风,指宫廷之内。

季氏将要讨伐颛臾。冉有、子路去告诉孔子说："季氏快要攻打颛臾了。"

　　孔子说："冉求，这难道不是你的过错吗？至于颛臾，从前周天子曾让颛臾主持东蒙的祭祀，而且已在鲁国疆域之内，是国家的臣属，要讨伐他师出何名啊？"

　　冉有说："季孙大夫想去攻打，我们两个人都不愿意。"

　　孔子说："冉求，周任有句话说：'尽自己的力量去履行职责，实在做不好就辞职。'主人有危险的时候不扶助，跌倒的时候不搀扶，那要辅助的人有何用呢？而且你说的是错的，老虎、犀牛从笼子里跑出来，龟甲、玉器在匣子里毁坏了，这是谁的过错呢？"

　　冉有说："现在颛臾城墙坚固，而且离费邑很近。现在不把它夺取过来，将来一定会成为子孙后代的祸患。"

　　孔子说："冉求，君子痛恨那种说不想要而找借口辩解的做法。我听说，对于诸侯和大夫，不怕贫穷，而怕财富不均。不怕人口少，而怕不安定。财富均了，就没有贫穷；大家和睦，就不会感到人少。安定了，就没有倾覆的危险。若能这样做，而远方的人还不归服，就规范自己的文化德行吸引他们。若远方的人们已经来了，就让他们安心住下去。现在，仲由和冉求你们两个人辅助季氏，远方的人不归服，不能招来他们；国内民心离散，你们不能守护住民心，反而策划在国内使用武力。我只怕季孙所忧患的不在颛臾，而是在宫庭之内呢。"

　　孔子是中华文明的精神导师，其宣扬的价值观，至今仍有普适性。本章4点价值观值得我们深思和传承。一是倡导和平。孔子倡导的和平是国内和平，反对暴政。有人说孔子是反战主义者，未必如此，因为孔子说的是不主动发动内战，并非对付外国入侵的反侵略战争。如果面对侵略，孔子不会反战，孔子极力称赞管仲就是证据。二是忠于职守。孔子教导冉有、子路两人必须尽量劝谏执政者不要作恶多端，劝谏无效就应当辞职，不应当为虎作伥，助纣为虐。三是实施教化。"修文德以来之"，这是国际上的有序竞争模式，而修文德是国家核心竞争力，这与今天强调教育是核心竞争力一样。四是倡导公平。"不患寡而患不均，不患贫而患不安"。这一思想对后世影响比较大。其中，我觉得最要重视的是"远人不服，则修文德以来之"的思想。美国是一个移民国家，它能够聚集全球精英，具有聚合力、凝聚力、向心力，其中必有许多值得我们研究和借鉴的地方。现在，越来越多的人学习汉语，越来越多的人来中国留学，这是个好的开头，但仍需借鉴多元文化，实现优秀传统文化的传承与创新。

## 16.2 天下无道

> 孔子曰:"天下有道,则礼乐征伐自天子出;天下无道,则礼乐征伐自诸侯出。自诸侯出,盖十世希不失矣;自大夫出,五世希不失矣;陪臣执国命,三世希不失矣。天下有道,则政不在大夫。天下有道,则庶人不议。"

孔子说:"天下有道的时候,制作礼乐和出兵打仗都由天子做决定;天下无道的时候,诸侯就敢做主决定礼乐和军事。由诸侯做主决定,大概很少有经过十代而不垮台的;由大夫做主决定,很少有经过五代而不垮台的;由家臣做决定,很少有经过三代而不垮台的。天下有道,国家政权就不会落在大夫手中。若天下有道,则平民不会议论国事。"

周天子的大权落入诸侯手中,诸侯国的大权落入大夫和家臣手中。孔子对此极感不满,认为这样下去政权很快就会垮台。他希望政权稳定,百姓安乐幸福。百姓不议论政治——并非是不能议论,而是没事可议,没有必要议。有学者说,孔子认为老百姓议政是天下无道的表现,没有足够的证据。如果天下有道,会有人有兴趣去批评时政吗?如果有很多人批评时政,那是因为时政确实存在这样那样的问题。批评时政不可怕,不接受批评才可怕。当然,别有用心的误导式的"批评"是需要特别关注的。

## 16.3 洞若观火

> 孔子曰:"禄之去公室五世①矣,政逮于大夫四世矣②,故夫三桓③之子孙微矣。"

孔子说:"鲁国国君失去政权已经有五世了,政权落在大夫之手已经四世了,所以三桓的子孙现在也衰微了。"

"天下有道,则礼乐征伐自天子出。"这是世界通则,西方有核国家的核密码箱都掌握在总统手中,总统走到哪里,就带到哪里。无论东西方国家,常态下战争命令只能由最高当局来发布,一旦反常,就意味着国家出现内乱,或者意味着这个世界不再太平。三桓掌握了国家政权,这是春秋末期的一种政治乱象,礼乐征伐自诸侯出、自大夫出,都是不正常的。后来鲁国的历史演进,一如孔子所料,几乎分毫不爽。孔子作为远见卓识的政治家,见微知著,洞若观火。

---

①五世:自鲁君丧失政权到孔子说这段话,经历了鲁国宣公、成公、襄公、昭公、定公五世。②逮:及。四世:自季氏把持朝政到孔子说这段话,经历了季孙氏文子、武子、平子、桓子四世。③三桓:鲁国的三卿,仲孙(即孟孙)、叔孙、季孙都出于鲁桓公,所以叫三桓。

## 16.4 交友原则

> 孔子曰："益者三友,损者三友。友直,友谅①,友多闻,益矣。友便辟②,友善柔③,友便佞④,损矣。"

孔子说："有益的朋友有三种,有害的朋友有三种。同正直的人交友,同诚信的人交友,同见闻广博的人交友,有益!同惯于走邪道的人交朋友,同善于阿谀奉承的人交朋友,同喜欢花言巧语的人交朋友,有害!"

达官,如果能够交益友,一般不会出事;出事的,往往是因为交了损友。学者,如果与志同道合者交朋友,学术自然精进;如果一天到晚琢磨着与达官贵人交朋友,一天到晚琢磨着与商贾巨富交朋友,十之八九已经蜕化为不学无术者。普通人也是这样,交益友进步,交损友退步,甚至毁灭。正如汉刘向《说苑·杂言》所描述:"与善人居,如入兰芷之室,久而不闻其香,则与之化矣;与恶人居,如入鲍鱼之肆,久而不闻其臭,亦与之化矣。"孔子说:"有朋自远方来,不亦乐乎?"孔子认为交友的目的,在于切磋道义,砥砺德行。人生如此短暂,要做的事情如此之多,所以,交朋友必须有所选择,尽可能与正直的人交朋友,与诚心的人交朋友,与博学的人交朋友。好朋友是人生的宝贵财富!

①谅:诚信。②便辟:惯于走邪道。③善柔:善于和颜悦色骗人。④便佞:惯于花言巧语。

## 16.5　享受生活

> 孔子曰："益者三乐，损者三乐。乐节礼乐①，乐道人之善，乐多贤友，益矣。乐骄乐②，乐佚③游，乐宴乐④，损矣。"

孔子说："有益的喜好有三种，有害的喜好有三种。喜欢以礼乐来调节自己的状态，喜欢称道别人的好处，喜欢与贤德者为友，有益！喜好骄傲享乐，喜欢游手好闲，喜欢大吃大喝，有害！"

　　本章谈享乐观。欣赏艺术之美，欣赏别人的长处，与贤者交往，这是人生的一种享受，也有益于人的发展。反过来，以霸道为乐，以闲游为乐，以美味佳肴为乐，这是颓废的享受，会使人走向衰亡和失败。交朋友讲缘分，没有共同的语言，没有共同的价值追求，没有共同的兴趣爱好，很难成为真朋友。很多年来，我可以抵御尘世的很多诱惑，就是因为交朋友有选择，选择是因为生命不可逆，每一分钟都值得珍惜，但也的确因此避免了一些劫难，甚至避免了牢狱之灾。是天意抑或是人为，也许二者兼而有之。生活崇尚节俭，一天不过三顿饭，一晚无须两张床，死后半抔黄土遮身。价值的实现，在于离开这个世界，还有人记得你。当如孔子，做一个独立思想者，把思想留给后人。

---

①节礼乐：孔子主张用礼乐来节制人。②骄乐：骄纵不知节制的乐。③佚：同"逸"。④宴乐：沉溺于宴饮取乐。

## 16.6　君子三愆

> 孔子曰："侍于君子有三愆①：言未及之而言谓之躁，言及之而不言谓之隐，未见颜色而言谓之瞽。"

孔子说："侍奉君子要注意避免三种过失：还没有提及此事的时候就说，这是冒失急躁；该讲的时候你却不说，这叫故意隐瞒；不看脸色而贸然说话，这是睁眼瞎子。"

本章讲孔子儒家的世俗伦理观。在社交场合应当遵循儒家传统：一是没到火候不乱讲，否则效果适得其反；二是非讲不可的时候必须讲，否则容易铸成大错；三是不了解对方的思想感情而乱讲，那叫无的放矢，往往于事无补。但是，在学术交流中则需要按照孔子的另一句话去做："当仁，不让于师。"读书贵在融会贯通，不看语境，孤立地对孔子某一句话进行批判，往往会犯错误。

---

①愆（qiān）：过失。

## 16.7　君子三戒

> 孔子曰："君子有三戒：少之时，血气未定，戒之在色；及其壮也，血气方刚，戒之在斗；及其老也，血气既衰，戒之在得。"

孔子说："君子有三种情况要警戒：年少的时候，血气还不成熟，要警戒对女色的沉迷；等到身体成熟了，血气方刚，要警戒与人争斗；等到老年，血气已经衰弱了，要警戒贪得无厌。"

君子三戒，古今皆然。年少之时，血气未定，当然要戒女色（或男色），沉迷女色（或男色）会迷乱心智，也会直接伤害身体，历代帝王短命者多数，与纵欲过度不无关系。身体成熟，血气方刚，应避免与人争斗，不幸伤人则王法不饶，不幸被伤则难免有性命之忧，逞匹夫之勇，不能保其身，何谈保黎民保四海？何谈实现个人价值和理想？年老的时候，应戒除贪得无厌。纵观官场上特有的"五八""五九"现象——五十八九岁才犯错误的现象，有的人临近退休晚节不保，走向监狱，失去自由，失去了呼吸自由空气的机会。李斯即将被处以极刑，在行刑的路上，问儿子："如果与你一起，牵着猎犬，到山上一起追逐狡兔，可能吗？"答案当然是不可能。贵为丞相，失去自由，连上山行猎的权利和机会都没有了。底线不可踩，红线不可碰！

## 16.8　有所敬畏

> 孔子曰："君子有三畏：畏天命，畏大人，畏圣人之言。小人不知天命而不畏也，狎大人，侮圣人之言。"

孔子说："君子有三件敬畏的事情：敬畏天命，敬畏长者，敬畏圣人的话。小人不懂得天命，因而不知道敬畏，不尊重长者，轻侮圣人之言。"

反贪污越反越贪，是因为许多官员不畏天命，不畏长者，不畏圣人之言，因此也不在乎是否上天堂，不在乎是否成佛，不在乎是否超生，不在乎是否下地狱，不在乎是否来世当牛做马。只追求及时行乐，穷奢极欲，最终要么沦为行尸走肉，要么走进监狱。部分老百姓，也有不畏天命，不畏大人，不畏圣人之言的通病。深究其原因，是我们主动割裂、抛弃、践踏中国优秀传统文化，破坏或扭曲原始儒家建构的伦理体系、价值体系、思想体系、教育体系，这也导致了今天的社会焦虑、文化焦虑和各种社会乱象。

## 16.9　学而知之

> 孔子曰："生而知之者，上也；学而知之者，次也；困而学之，又其次也；困而不学，民斯为下矣。"

孔子说："生来就懂得道，这是最高境界；经过学习才知道，是次一等的境界；遇到困难再去学习的，是又次一等的境界；遇到困难还不学习，这种人就是下等境界了。"

孔子儒家重视学习，学习能改变气质，学习能提升道德，学习能改变命运。最高境界"生而知之"真的存在吗？在回答之前，先回答什么是"生而知之"。我认为，生来就懂得道，显然是不可能的。在生命的成长过程中，自己未经过系统学习就能顿悟、体悟出道，就是孔子的"生而知之"吧。比如毛泽东从未学过军事，却是杰出的战略家和军事家，岂非生而知之？杨秀清烧炭工一个，斗大的字不识，行军打仗却暗合军事原理，岂非生而知之？大将徐海东，湖北大悟县的窑工出身，没有学过军事，带着红十五军从湖北打到陕北，在陕北打垮了东北军一〇六师，所向披靡，岂非生而知之？

至于学而知之，我本人就属于这一类，30年如一日研究教育，使自己的教育主张独立于世；10年如一日研究儒家经典，使自己的《论语心读》成为很多读者拿起就不愿放下的读本。困而后学是不得已的选择，困而不学是不可取的选择。如今，很多人相信寒门难出贵子，深深感觉贫民生存空间越来越小，发展空间越来越有限，上升通道越来越狭窄，但是，我坚持认为学历未必能改变命运，而学力一定能改变命运！

## 16.10 君子九思

> 孔子曰:"君子有九思:视思明,听思聪,色思温,貌思恭,言思忠,事思敬,疑思问,忿思难,见得思义。"

孔子说:"君子有九种思考:观察追求清楚,倾听追求清晰,脸色追求温和,容貌追求谦恭,言谈追求忠信,做事追求严谨,疑惑追求解答,生气追求不带来恶果,见到利益思考是否符合道义。"

君子九思,极具现实意义。每天能够对照"九思"去做,肯定人缘很好,容易成功。君子九思,贵在自觉,贵在坚持。这一章讲儒家道德自觉的形成路径,道德的生成可以是外铄型,也可以是自觉型,儒家更强调道德自觉,强调反求诸己,反求诸心。心正则身正,是否看得清或听得清,关键在于是否有正义心。脸色是否温和,神情是否谦恭,关键在于是否有谦卑心。言谈是否诚信,办事是否严谨,关键在于是否有真诚心。疑问是否向人请教,愤怒是否考虑到后果,关键仍在于是否有谦卑心。获得财物,是否符合道义,标准在人心,公道也在人心。一事当前,九思而行,不成君子,也不会是小人!

## 16.11　见善思及

> 孔子曰:"见善如不及,见不善如探汤。吾见其人矣,吾闻其语矣。隐居以求其志,行义以达其道。吾闻其语矣,未见其人也。"

孔子说:"看到善良的言行,担心自己达不到那样的高度。看到不善良的言行,好像不小心把手伸到开水中一样赶快避开。这样的人我见到过,这样的话我也听到过。以隐居避世来保全自己的志向,躬行仁义而贯彻自己的主张。这样的话我听到过,但是我没有见到过这样的人。"

孔子说自己听过且见过这种人:看到善良,担心达不到;看到不善良,避之犹恐不及。孔子说自己听过却没有见过另外的那种人:避世隐居以保全自己的志向,躬行道义以贯彻自己的主张。这两段话合起来理解,儒家不赞成隐居,儒家主张入世,主张实践,主张躬行,主张走进现实社会来弘扬道,就算是"道不行,乘桴浮于海",到世界的另一边去传道弘道也可以,但不会避世遁世。

## 16.12　君子重节

> 齐景公有马千驷，死之日，民无德而称焉。伯夷、叔齐饿于首阳之下，民到于今称之。其斯之谓与？

齐景公有马四千匹，死的时候，百姓觉得他没什么值得称道的。伯夷、叔齐饿死在首阳山下，百姓到现在还在称赞他们。说的就是这个意思吧？

儒家重名节，注重生前的名，也注重身后的名。这种价值取向，是中华文化的特征之一。作为公职人员，不能把自以为是当作能力和魄力，不能把自我感觉当作成就和贡献。在位之时，如果只谋自己的个人名利，死后的结局大概不如齐景公。作为教师，应当学习孔子，有长远的价值追求：孔子身为布衣，却开平民教育先河，用教育改变平民命运；开民办教育先河，让教育摆脱政治体制的限制；开素质教育先河，构建了礼乐射御书数或诗书礼乐易春秋的课程体系；开因材施教的先河，让每一个学生都绽放出生命的精彩；开教学相长的先河，与学生成为共同的生命体、学习体、成长体；开终身教育先河，并付诸"十有五而志于学，三十而立，四十而不惑，五十而知天命，六十而耳顺，七十而从心所欲，不逾矩"的人生实践；开学术独立先河，让儒学成为独立于体制之外的价值体系、伦理体系、哲学体系、方法论体系。孔子是中国教育史上最杰出的道德楷模，为当代教育工作者树立了价值实现的典范。孔子虽然离开我们2000多年了，但是依然活在我们的心中。

## 16.13　教育公平

> 陈亢①问于伯鱼曰:"子亦有异闻②乎?"
> 
> 对曰:"未也。尝独立,鲤趋而过庭。曰:'学《诗》乎?'对曰:'未也。''不学《诗》,无以言。'鲤退而学《诗》。他日又独立,鲤趋而过庭。曰:'学礼乎?'对曰:'未也。''不学礼,无以立。'鲤退而学礼。闻斯二者。"
> 
> 陈亢退而喜曰:"问一得三。闻《诗》,闻礼,又闻君子之远③其子也。"

陈亢问伯鱼说:"您在老师那里听到过特别的教诲吗?"

伯鱼回答说:"没有呀。有一次他独自站在堂上,我快步从庭里走过,他问:'学《诗经》了吗?'我回答说:'没有。'他说:'不学诗,就不知道如何与人交流。'我回去就学《诗经》。有一天,他又独自站在堂上,我快步从庭里走过,他说:'学礼了吗?'我回答说:'没有。'他说:'不学礼就不知道如何安身立命。'我回去就学礼。就单独跟我讲过这两件事。"

陈亢回去高兴地说:"我提一个问题,得到三方面的收获,听了关于诗的道理,听了关于礼的道理,又听了君子对待自己儿子的态度。"

---

①陈亢:即陈子禽。②异闻:不同于对其他学生所讲的内容。③远:不亲近,不偏爱。

易子而教，是中国古代教育的传统，值得借鉴。很多教师教别人的孩子很内行，但是教自己的孩子却一塌糊涂，这是因为角色使然，在儿女的心目中，只有父母而没有教师。本章所说不仅是教育方法，还有教育公平的原则，即便是对自己的亲属，也不格外偏爱。教育不公平现象普遍存在，区域之间的教育差异导致的不公平，有待于中央层面解决；学校之间的差异导致的不公平，有待于地方尤其是区（县）政府统筹解决；这些不公平，需要以立法的形式彻底从教育供给侧解决。学校内部存在的不公平，却需要靠校长和教师的道德自觉去解决：诸如关爱官家子弟较多，关爱"草根"子女不够；关注富家子弟较多，关注贫寒子弟不够；关注分数高的孩子较多，关注分数低的孩子不够；关注听话的孩子较多，关注调皮的孩子不够；关注漂亮的孩子较多，关注长相普通的孩子不够；关注聪明的孩子较多，关注资质较弱的孩子不够。孔子对自己的孩子不偏爱，对别人的孩子不偏废，其教育公平意识已经达到了自觉的境界。

## 16.14　称谓沿革

> 邦君之妻，君称之曰夫人，夫人自称曰小童；邦人称之曰君夫人，称诸异邦曰寡小君；异邦人称之亦曰君夫人。

国君的妻子，国君称她为夫人，夫人自称为小童；国人称她为君夫人，对外国人则称她为寡小君；外国人也称她为君夫人。

本章游离于"语录"范围之外，属于礼制的习惯问题。春秋时代，礼乐崩坏，诸侯妻妾的称呼也比较混乱，此处有正名的意味。

前不久，我应约会见一位30出头的小商人，见面寒暄，商人郑重其事地向我介绍他的太太："这是我夫人！"我有些愕然。年轻人介绍自己的太太，不必像古人一样称之为"拙荆""贱内"，也不必像某些地方方言一样称之为"孩子他娘""孩子他妈""做饭的""洗衣服的"，比较符合东西方礼仪的称呼应该是"妻子""太太"吧。现在尊重女性，很多先生向朋友介绍妻子时说："这是我家领导。"这也是不错的称呼。但是，年轻人向别人介绍自己的妻子的时候，称"夫人"味道怪怪的。

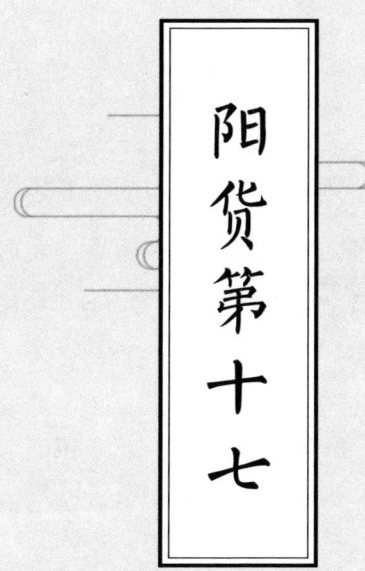

阳货第十七

## 17.1 千年邂逅

> 阳货①欲见孔子，孔子不见，归孔子豚②。
>
> 孔子时其亡③也，而往拜之，遇诸涂④。谓孔子曰："来。予与尔言。"曰："怀其宝而迷其邦⑤，可谓仁乎？"曰："不可。""好从事而亟⑥失时，可谓知乎？"曰："不可。""日月逝矣，岁不我与⑦。"孔子曰："诺，吾将仕矣。"

阳货想见孔子，孔子不见，他赠送孔子一只熟乳猪。

孔子趁阳货不在家时去拜访，想不到居然在半路相遇。

阳货对孔子说："来吧，我跟你说正事。"阳货说："自己身藏本领而坐视国事糊里糊涂，可以算仁吗？"孔子回答说："不可以。"阳货说："喜欢参与政事而又屡次错过机会，可以算智慧吗？"孔子回答说："不可以。"阳货说："时间飞逝啊，年岁不等人啊。"孔子说："好吧，我打算做官了。"

出仕为官，为君分忧，为民谋福，这是孔子求之不得的事情。孔子却选择回避、婉拒，因为阳货所代表的政权不具有合法性和正当性，孔子不

---

①阳货：又叫阳虎，季氏的家臣。季氏几代把持着鲁国朝政，而此时阳货正把持着季氏的权柄，后来企图削弱三桓未遂。②归（kuì）：赠送。豚（tún）：小猪。③时其亡：等他不在家的时候。④遇诸涂：在路上遇到他。涂，同"途"，道路。⑤迷其邦：坐视国事糊里糊涂。⑥亟：屡次。⑦与：在一起，等待。

愿意助纣为虐。面对此种尴尬，孔子灵活应对，不失礼不得罪，这是儒家的权变与可贵。儒家在"邦无道"时会选择整体退隐，虽然儒家赞成、赞扬汤武革命，但是却没有设计颠覆无道之邦的线路，也就是说儒家崇尚权力和平交接和社会和平演进。但是，孔子儒家所赞成的整体退隐，并非完全退出历史舞台，而是选择以教为政，以教育造福社会；同时，积极推动文化传承与创新，在文献典籍的整理中，完成自己的学术思想的建构，以思想影响当世和后世。虽不能至，心向往之！

## 17.2 性近习远

> 子曰:"性相近也,习相远也。"

孔子说:"人的本性相近,因为磨炼而逐步拉大差距。"

本章能够品味出多重理念。一是"人生而平等"的社会理念。儒家认为"性相近"也,也就是说人在本质、本性上是很接近的,差别是走向社会的过程中逐步形成的。二是"教育改变人"的教育理念。本性相近,后天的学习和环境影响才导致了人的差异。后天的教育才是改变人品质、性格、命运最重要的力量。三是"人的发展过程是平等的"的教育追求。"人皆可以为尧舜",每个人都可以成为君子,每个人也都可能成为小人。成为君子抑或小人,选择权在当事人。发展的机会和发展的过程是平等的。

## 17.3 上智下愚

> 子曰:"唯上知与下愚不移。"

孔子说:"唯具上等天赋的人和最愚昧的人很难改变。"

上智不是指达官贵人而是指具有先天禀赋的人才,下愚不是指地位卑贱的劳动人民而是指与"上智"相对的"白痴"一类,"下愚"其实就是指先天智障患者。否则,孔子深爱和欣赏"无产阶级"颜渊就无法令人理解了,而且孔子"有教无类"的教育主张与把"下愚"理解为劳动人民的观点不相容。如果与上一章联系起来讲,就更容易理解了,本性相近,后天教育拉大了人的差距。但是对于先天禀赋好的和先天禀赋差的,这个差距无法缩小。如是,则比较客观。

## 17.4　牛刀割鸡

子之武城①，闻弦歌②之声。夫子莞尔而笑，曰："割鸡焉用牛刀？"子游对曰："昔者偃③也闻诸夫子曰：'君子学道则爱人，小人学道则易使也。'"子曰："二三子，偃之言是也。前言戏之耳。"

孔子到武城，听见弹琴唱歌的声音。孔子微笑着说："杀鸡何必用宰牛的刀呢？"子游回答说："以前我曾听先生说过：'君子学习了道义礼法就能爱人，小人学习了道义礼法就容易管理。'"孔子说："学生们，言偃的话正确啊。我刚才说的话，只是开玩笑而已。"

"割鸡焉用牛刀"是一句玩笑式的表扬。一则武城这样的小地方，用子游来做主管，简直是大材小用。二则子游在这种小地方推行礼乐，如此认真，如此执着，孔子深感自豪和骄傲。因为乐教是儒家重要的课程，孔子十分重视音乐艺术对人的性情的陶冶和塑造。文明的差异，很大程度上源于艺术，尤其是音乐。交响乐的浸润，造就了欧洲文明的厚度与深度。流行音乐的激荡，促成了美洲文明的热度与力度。山水田园式的音乐教化，铸成了亚洲文明的温度与纯度。艺术教育对个体生命的塑造力更强更大，对个性特征的影响力更深更远。中国当代艺术教育功利化、边缘化，令人忧心忡忡！

---

①武城：鲁国的小城，当时子游任武城宰。②弦歌：以琴瑟伴奏而歌唱。弦，指琴瑟。③偃：孔子的学生言偃，字子游。

## 17.5 吾为东周

> 公山弗扰①以费畔，召，子欲往。
> 子路不说②，曰："末之也已③，何必公山氏之之④也？"
> 子曰："夫召我者，而岂徒⑤哉？如有用我者，吾其为东周乎⑥？"

公山弗扰盘踞在费邑筹备反叛，召孔子过去，孔子准备去。

子路不高兴，说："没有地方去就算了，何必去公山弗扰那里呢？"

孔子说："他召我去，难道我会白去一趟吗？如果有人用我，我可在东方重建周王朝似的国家。"

孔子主张"邦有道则仕"，但此章可以窥见孔子急于实践自己的政治理想，选择"权变"的积极入世精神。印证了孔子承诺阳货"吾将仕矣"是非常认真的，也体现了孔子对时局的担当精神。孔子称赞柳下惠，邦有道仕，邦无道也仕，显然是对柳下惠的担当表示赞成。邦有道，人民需要好官；邦无道，人民更需要好官。孔子有信心、有能力在"邦无道"的环境下，在东方重建周王朝似的国家。这是对自己人格的自信、道德的自信、能力的自信，也是对自己儒家学说尤其是政治理念的自信。这一章，子路不悦的态度，让人再次感受到孔门师生之间的人格平等、思想自由、教育民主，再次感受到孔门师生亦师亦友亦兄弟的亲密无间的关系。

---

①公山弗扰：季氏的家臣。②说：同"悦"。③末之：无处去。末，没有。之，往。已：止，算了。④之之：第一个"之"字是助词，后一个"之"字是动词，去、到。⑤徒：徒然，空无所据。⑥为东周乎：建造一个东方的周王朝，在东方复兴周礼。

## 17.6　五字真言

> 子张问仁于孔子。孔子曰:"能行五者于天下为仁矣。"
> "请问之。"曰:"恭、宽、信、敏、惠。恭则不侮,宽则得众,信则人任焉,敏则有功,惠则足以使人。"

子张向孔子问仁。孔子说:"能够处处实行五种品德,就可以称之为仁人了。"

子张说:"请问是哪五种?"孔子说:"恭敬、宽厚、忠信、勤敏、慈惠。恭敬就不致遭受侮辱,宽厚就会得到众人的拥护,忠信就能得到别人的信任,勤敏就会提高效率,慈惠就能够管理人。"

为政者最需要记住"恭、宽、信、敏、惠"这5个字,无论官职高低,做到了就能成为流芳百世的好官。因为庄重,所以持重,所以慎重,所以敬畏,所以"如临深渊,如履薄冰",所以会退掉官场的俗气,走向儒雅和高尚;因为宽厚,所以包容、仁厚、心胸开阔,所以尊重下属和体制外的人;因为诚实,所以守信用,所以得到下属的信任,可以建立所在组织的诚信和威信;因为勤敏,所以思路开阔、视野开阔,能力提高,效率提高;因为慈惠,所以富者无所恐惧,贫者如享甘霖,下属如坐春风。如此,定能做个好官。当教师也是如此,因为庄重而敬畏,因为宽厚而爱人,因为诚实而备受学生信任,因为勤敏而令学生折服,因为慈惠而让学生感动。如此,定能成为好教师!

## 17.7　子非匏瓜

> 佛肸①召，子欲往。
> 
> 子路曰："昔者由也闻诸夫子曰：'亲于其身为不善者，君子不入也。'佛肸以中牟②畔，子之往也，如之何？"
> 
> 子曰："然，有是言也。不曰坚乎，磨而不磷③；不曰白乎，涅而不缁④。吾岂匏瓜⑤也哉？焉能系⑥而不食？"

佛肸召孔子，孔子打算前往。

子路说："从前听先生说过：'亲身做坏事的人，君子是不能亲近的。'现在佛肸据中牟反叛，你却要去，怎么会这样呢？"

孔子说："是，我是说过。不是说坚硬的东西磨也磨不薄吗？不是说洁白的东西染也染不黑吗？我难道是个苦味葫芦吗？怎能只挂着而不给人吃呢？"

"出淤泥而不染，濯清涟而不妖"，周敦颐《爱莲说》中的这一名句，应该有孔子的影子。本章进一步证明了积极入世是儒家主旋律，儒家不会也不愿轻易整体退隐，即便是生逢乱世，也照样要以"清者自清，浊者自浊"的态度和卓然独立的人格，或躬身入世，或清议政治，干预体

---

①佛肸（xī）：晋国大夫范氏家臣，中牟城地方官。②中牟：地名，在晋国，约在今河北邢台与邯郸之间。③磷：薄。④涅：一种矿物质，可作颜料染衣服，这里是染黑之意。缁（zī）：黑色。⑤匏（páo）瓜：一种葫芦，味苦不能吃。⑥系（jì）：结，扣。

制，担负责任，改变社会，而不愿意、不甘心做一个匏瓜，悬在那里，只能看不能用，于世道和人民无益无补。

  我的恩师郑永廷先生在我是做教育局局长还是做教授的问题上，选择支持我做教育局局长。我百思不得其解，多次请教，恩师终于赐教："知识分子式微，其影响力和受尊重的程度远远不如前些年，学问做得再好，未必为社会认可，未必能够造福于民。还不如保持独立人格，保持学者本色，一边做学问，一边付诸实践，价值实现更加充分，对社会贡献更大。"读此章，更能体会恩师的良苦用心和殷殷期待，恩师深知我入世情怀深重，不愿意我只做个匏瓜，挂在藤上，没有实际用途和贡献。

## 17.8　六言六蔽

> 子曰："由也，女闻六言六蔽矣乎？"对曰："未也。"
> "居①，吾语女。好仁不好学，其蔽也愚②；好知不好学，其蔽也荡③；好信不好学，其蔽也贼④；好直不好学，其蔽也绞⑤；好勇不好学，其蔽也乱；好刚不好学，其蔽也狂。"

孔子说："由呀，你听说过有六种品德就有六种弊病吗？"子路回答说："没有。"

孔子说："坐下，我告诉你。爱好仁德而不爱好学习，弊病是容易受人愚弄；爱好智慧而不爱好学习，弊病是容易行为放荡；爱好诚信而不爱好学习，弊病是容易被人利用反而害了自己；爱好直率却不爱好学习，弊病是容易说话尖刻；爱好勇敢却不爱好学习，弊病是容易犯上作乱；爱好刚强却不爱好学习，弊病是容易狂妄自大。"

孔子儒家对人性洞悉的深度，丝毫不亚于现代心理学。学习贯穿成长全过程，学习相伴终身，学习成就完美人生。好仁不好学，容易妇人之仁，被愚弄；好智不好学，容易轻浮，大智若愚才是最高境界；好信不好学，跟盗贼、流氓、杀人犯讲信用，容易危害亲人；好直不好学，缺乏知识养护心胸，容易尖酸刻薄；好勇不好学，缺乏眼界和境界，容易犯上作乱；好刚不好学，不知天外有天，容易狂妄自大。全面而深刻，振聋而发聩！

---

①居：坐。②愚：受人愚弄。③荡：放荡。④贼：害。⑤绞：说话尖刻。

## 17.9  兴观群怨

> 子曰:"小子何莫学夫《诗》?《诗》,可以兴①,可以观②,可以群③,可以怨④。迩⑤之事父,远之事君;多识于鸟兽草木之名。"

孔子说:"学生们为何不学习《诗经》呢?学《诗经》可以涵养性情,可以了解社会,可以学会与人相处,可以学会批评。近可以用来侍奉父母,远可以用以侍奉君主;还可以多知道鸟兽草木的名字。"

兴:使人有情感、有热度、有温度,使人燃烧生命、产生激情。观:学会认识自然,了解风俗,了解文化,了解社会。群:学会沟通,学会理解,学会合作。怨:学会批评社会,奉劝同僚或上级。孔子编撰《诗经》,开创诗教先河,目的在于道德教育,以美育来达成德育目标,以艺术手段来实践教育理想。诗教是中国民族教育的优秀传统,不宜抛弃,也不应当抛弃。民族精神教育,不能仅仅依靠历史;核心价值观教育,不能仅仅依靠言理;伦理情感教育,不能仅仅依靠说教。教育最好的艺术载体是诗歌。若可选择100首古诗、100首绝句、100首宋词、100首新诗作为必修教材,从小学开始,至高中完成,这对民族精神传承、价值观建构、伦理情感的培养来说,将是值得期待的事情。有诗心,有诗性,有诗情,才有成功的教育!

---

①兴:激发感情。②观:观察天地万物与人间万象。③群:团结。④怨:讽谏上级,怨而不怒。⑤迩(ěr):近。

## 17.10 面墙而立

> 子谓伯鱼曰:"女为《周南》《召南》①矣乎?人而不为《周南》《召南》,其犹正墙面而立②也与?"

孔子对伯鱼说:"你学习《周南》《召南》了吗?如果不学习《周南》《召南》,那就像面对墙壁而站着吧?"

《诗经》在孔子时代几乎是百科全书式的教材,可以学文学、学自然、学政治、学外交、学民俗、学伦理、学相处、学相爱。孔子劝伯鱼学《周南》《召南》,那是因为这两国的国风侧重点是男女之情、夫妇之道。从中可以窥探儒家的爱情观念:一是追求自由,二是追求浪漫,三是追求真诚。孔子将对儿子和学生的爱情启蒙教育,寄托于《诗经》,这是教育史上天才式的首创:没有什么方式比诗教更含蓄,更唯美!我之发宏愿,从《诗经》开始,到舒婷的作品结束,重新选编感动我的历代诗歌精品,以最美的方式呈献给读者,目的就在于接续诗教传统的血脉,给教育注入诗心和诗情,给教育注入灵感和灵性,让教育更多关照生命和灵魂!孔子儒家这种崇尚自然、自由、浪漫、真诚、平等、高雅的美好的爱情价值观念,被后世伪儒学一再歪曲,弄出一大堆折磨人、摧残人、伤害人的东西来,并把全部罪名扣到孔子头上,甚为荒唐,甚为悲凉!

---

①《周南》《召南》:周南和召南本身是地名,指从这两地方收录在《诗经·国风》中的民歌。②正墙面而立:面向墙壁站立着。

## 17.11　礼之精神

> 子曰："礼云礼云，玉帛云乎哉？乐云乐云，钟鼓云乎哉？"

孔子说："礼呀礼呀，只是玉帛之类的礼物吗？乐呀乐呀，只是说的钟鼓之类的乐器吗？"

礼是人类文明的标志，人区别于动物很大程度上是由于礼。礼是人类稳定的自觉行为，是人类对自身野蛮性的自觉矫正。礼是约定俗成的行为习惯，礼有外显行为，也有标志物，比如九鼎是天子地位的礼器，玉帛、钟鼓都是礼的标志物。玉，在孔子时代是君子人格的礼器，我字"子玉"，源于君子人格的追求，是人格自觉，也是自我期待和约束。礼之内涵，却服务服从于仁、义、信、道等。现代人阅读《论语》，传承儒家文化，不是传承标志物，不是传承程序，而是传承精神，并使之现代化。这就是儒学现代化的路径和追求。

## 17.12 色厉内荏

> 子曰:"色厉而内荏①,譬诸小人②,其犹穿窬③之盗也与?"

孔子说:"外表严厉而内心虚弱,若用百姓的话说,就像是挖墙洞的盗贼吧?"

孔子对人性、人伦的洞察到了如此深刻透彻的程度,即便是现在,拿本章作为试金石,也可检验出谁是君子,谁是小人。不少小人在官场游荡了半生,成了十足的官痞子,除了当官什么都不会,没有实际本领,只好靠耍威风虚张声势来震慑部下和同僚,靠摆谱、摆后台来吓唬人,期望以此获取人们的尊重——殊不知效果正好相反。官场中也有不少人官做得越高越谦和、平和、温和,这类君子往往能做到小声说大话,达到不怒而威的境界。教师行列也有色厉内荏者,因为学养不深,内功不足,嗓门很高,妄图用语言暴力代替真理的穿透力和征服力。岂不是缘木求鱼?!

---

①色厉而内荏:外表严厉而内心虚弱。厉,威严。荏,虚弱。②小人:此处指百姓,普通人。③窬(yú):洞。

## 17.13  德贼乡愿

> 子曰:"乡愿,德之贼也。"

> 孔子说:"无原则的老好人,是道德的破坏者。"

孔子强调做人有底线,有原则,而乡愿则追求八面玲珑,谁也不得罪,表面上似乎谁都认为他是好人,其实他是典型的伪君子。对谁都好,对谁都谦恭,对谁都温和……没有原则,没有底线,在原则性的问题上和稀泥,对所有的人说"贴心"的话,其实就是对良知与真诚的背叛。这样的人的确不可以做朋友。我所敬佩的一位长者经常说:"十个人中有五六个人说我不错,我就心满意足了。不过,你们青年人,要追求'二八开'。"这位德高望重的长者非常谦虚,他在当地口碑非常好,90%以上的人真诚称赞他,不足10%的人经常诋毁他,还有少数人对他恨之入骨。"二八开"应当成为当今为政者的人格基准,企图所有人都认可,所有人都说好,那绝对不是一个敢于担当、善于担当的好官员;要服从大局,要为人民谋福祉,就必须深化改革,勇往直前,避免不了得罪人;尤其在深化改革的转型时期,不改革无法打破陈旧而僵化的机制,改革就会伤害既得利益者。当然,也可以考虑做一个"乡愿",甘于平庸。但是,儒者不耻!

## 17.14 道听途说

> 子曰:"道听而涂说,德之弃也。"

孔子说:"在路上听到传言就到处去传播,这是有道德的人应该摒弃的做法。"

道听途说而信以为真,背离道德准则。政府做决策,不能依靠道听途说的资讯;教师从事教育,更不能依靠道听途说取悦受众。在学术演讲中,我常常选择深沉、严谨,选择以逻辑的力量、真理的力量、智慧的力量,去征服听众和读者,而不是依靠道听途说哗众取宠,也不依靠语言暴力营造吓人气势。如今民粹主义者传递信息、传递能量主要靠"道听途说",不论真假,先聚集人气,然后妄图以人多势众来颠覆事实、颠覆真理、颠覆法律、颠覆正义。可鄙,可悲,可恶!

## 17.15　患得患失

> 子曰:"鄙夫可与事君也与哉?其未得之也,患得之。既得之,患失之。苟患失之,无所不至矣。"

孔子说:"鄙夫可以为朝廷做事吗?他没有得到官位时,总担心得不到。已经得到,又怕失去。如果他担心失掉官职,会无所不用其极的。"

孔子的教诲,穿越2500多年的时空,传到今天依然令人觉得亲切而贴切。从事教育管理近30年,我坚持一条用人原则:看道德、看能力、看成绩、看贡献。坚持的原因,是我目睹了一些教师不会教书,却十分会钻营,不少人也钻营成功,可想而知,给单位和系统带来的是灾难性的后果。一个不懂教育的人当校长,他会真心尊重和选用那些出类拔萃的才俊吗?有能力推进教育的深度改革吗?能够对数千学子的前途负责任吗?心思都用在保位置上,哪有时间做实事?官僚体制内,也有不少人这样,没有得到官位就拼命抢官位,抢到手了就保官位,到了能够晋升的年限,再次不择手段抢上一台阶的官位。如此恶性循环!唯上唯权唯心,而不是唯实唯真理。这样的人能做好事业,那只能是骗人的鬼话。这些"鄙夫"一旦聚集,就时刻担心德才兼备者出现在上位,于是疯狂抱团,疯狂"群殴",造成"劣币"驱逐"良币"的逆淘汰,如是,政治生态遭到彻底破坏,百姓受苦!

## 17.16　古民三疾

> 子曰："古者民有三疾，今也或是之亡也。古之狂也肆①，今之狂也荡；古之矜也廉②，今之矜也忿戾③；古之愚也直，今之愚也诈而已矣。"

孔子说："古代人有三种毛病，现在的人或许连这些毛病也没有了。古代狂者还能执着于志向，今天狂妄者却是放荡不羁；古代骄傲者不过是不够平易近人，今天那些骄傲者却是蛮横无理；古代愚钝者尚能质朴直率，今天愚钝者却只有狡诈。"

社会转型期人们的道德水平往往不如稳定时期，这是社会发展的一个基本规律。文化轴心时代所建构的价值标准、思想体系、伦理情怀，对于每个民族来说几乎都是无法超越的标杆。这是人类发展的又一个规律。对孔子、老子、释迦牟尼等建构的精神世界，人们至今仍抱着"虽不能至，心向往之"的期待。每每社会转型时期，人类的这种回望颇为自觉也颇为频繁，回望后的期待更为强烈。

---

①狂：狂妄自大。肆：放肆无礼。②廉：不可触犯。③戾：火气大，蛮横，不讲理。

## 17.17　巧言令色

> 子曰:"巧言令色,鲜矣仁。"

(此章重出,见1.3。)

## 17.18 中庸可贵

> 子曰:"恶紫之夺朱也,恶郑声之乱雅乐也,恶利口之覆邦家者。"

孔子说:"我厌恶紫色掩盖了红色,厌恶用郑国的乐声扰乱雅乐,厌恶因口舌之利而颠覆国家这样的事情。"

紫色红得过分妖冶,超过了朱红,有悖于中庸;郑声过于萎靡,扰乱了雅乐的中正,有悖于中庸;巧言令色之徒,有悖于仁德,足以颠覆国家。"过犹不及",违背中庸之道对个人、对国家都有某种高风险。个人修养,偏离中庸,往往走向偏执,走入死胡同。国家用人,不选择中道直行之人,而重用巧言令色者——只要体制机制出现这种选人用人的价值趋向,国家也就差不多灭亡了。齐桓公之重用易牙,楚怀王之重用靳尚,秦二世之重用赵高,已成为历史的镜子。不能不慎之又慎啊!

## 17.19 苍天不言

> 子曰:"予欲无言。"子贡曰:"子如不言,则小子何述焉?"子曰:"天何言哉?四时行焉,百物生焉,天何言哉?"

孔子说:"我不想说话了。"子贡说:"夫子如果不说话,那么我们这些学生还传述什么呢?"孔子说:"天何曾说话呢?四季运行,百物生长。天说了什么呢?"

本章可以从3个层面理解。第一,"不言"是教学方法。"不愤不启,不悱不发",该讲的已经讲了,有些东西要靠学生自己体悟。道最终要内化为自己的修为,成为自己的生命特质,才能称其为道。第二,"不言"是悟道方法。一千个读者就有一千个哈姆雷特,对某个"道"的理解,如果讲出来了,会被误认为只有一个标准答案,如果不讲出来,各有各的心得,各有各的感悟,各有各的收获,岂不是更好?第三,"不言"是管理方法。儒家提倡"无为而治"是具有积极意义的,认为"有所为,有所不为"是管理的分寸。当统治者的言语有可能成为法律、政策、政令的时候,说话太多可能就是朝令夕改,令人无所适从。上天从来没有说什么话,但是日月星辰有序运行,一年四季有序更替,万物生长欣欣向荣,这是很好的示范,是无言的教育,正所谓"桃李不言,下自成蹊"。

## 17.20　不言之教

> 孺悲①欲见孔子，孔子辞以疾。将命者②出户，取瑟而歌，使之闻之。

鲁国人孺悲来拜见孔子，孔子称病推辞不见。传话的人刚出门，孔子便取来瑟边弹边唱，有意让孺悲听到。

本章至少可以从3个角度理解：一是孔子行不言之教。孔子认为孺悲人格有问题，不想见，不愿见，于是采取"取瑟而歌"的方法，告诉孺悲，你有问题，我不愿意见你，至于问题在何处，你自己好好想一想吧。二是孔子行音乐之教。以孔子的音乐造诣，足可以用音乐表达思想，表达志向，"取瑟而歌"，让孺悲自己听音乐，听懂孔子想说的话。三是含蓄拒绝不失礼。如果直接拒绝来访者，属于失礼的行为，而以这种含蓄而仁厚的方式拒绝，给孺悲后来向孔子学礼留下了一扇可以敲开的门。

---

①孺悲：人名，不详。②将命者：传话的人。

## 17.21　谁是谁非

宰我问："三年之丧，期已久矣。君子三年不为礼，礼必坏；三年不为乐，乐必崩。旧谷既没，新谷既升，钻燧改火①，期②可已矣。"

子曰："食夫稻③，衣夫锦，于女安乎？"曰："安。""女安，则为之。夫君子之居丧，食旨④不甘，闻乐不乐，居处不安，故不为也。今女安，则为之。"

宰我出，子曰："予之不仁也。子生三年，然后免于父母之怀，夫三年之丧，天下之通丧也。予也有三年之爱于其父母乎？"

宰我问："服丧三年，时间太长了。君子三年不践行礼仪，礼仪必然遗忘；三年不演奏音乐，音乐必然荒废。旧谷已经吃完，新谷已经登场，钻燧取火的木头轮过了一遍，一年时间就可以了。"

孔子说："才一年你就吃美味，穿锦缎衣，你心安吗？"宰我说："我心安。"孔子说："你心安，你就那样去做吧。君子守丧，吃美味不觉得香甜，听音乐不觉得快乐，住在家里不觉得安定，所以不那样做。如今你既

---

①钻燧改火：古人钻木取火，四季所用木头不同，每年轮一遍，叫改火。②期：一年。③食夫稻：指吃好的。古代北方少种稻米，故大米很珍贵。④旨：甜美，指好吃的食物。

觉得心安，就那样去做吧。"

宰我出去后，孔子说："宰予真是不仁啊。小孩生下来，到三岁时才能离开父母的怀抱。服丧三年，这是天下通行的丧礼。难道宰予没有享受父母三年的爱护吗？"

孔子与宰予谁是谁非？读者自鉴。儒家师生能够将双方的观点如实摆出来，也有让后人选择的意味。孔子之前，华夏就已经有为父母守丧3年的习惯，儒家使这种守孝制度化，一直沿袭到清朝，清朝称之为"守制"，如果朝廷需要守丧的官员丧期为官，叫"夺情"，需下圣旨方可行。其实怀念长辈，关键发自真心，倒不在于时间长短。对亲人的怀念，可以是三年，也可以是一辈子。外公去世我悲痛欲绝，父亲英年早逝我悲痛万分，虽然没有停下所有的事情来守丧，但是却一辈子缅怀外公，一辈子缅怀父亲。

此外，读这一章，我发现孔子的经验主义结论，与现代心理学研究成果高度契合。"子生三年，然后免于父母之怀。"现代心理学研究表明，0—3岁是孩子安全感形成的关键期，有严重攻击型人格者大多数3岁以前没有得到成年人（主要是父母）近距离的关爱，缺乏安全感，于是就以攻击作为防卫的方式，行为出现偏差，比如怀疑某人可能会谋害自己，于是"先下手为强"杀了某人。学前教育者和初为人父母者，应该认真品味本章。

## 17.22　饱食终日

> 子曰:"饱食终日,无所用心,难矣哉!不有博弈者乎?为之,犹贤乎已。"

孔子说:"吃饱了饭,整天什么心思也不用,这不好呀!不是还有围棋游戏吗?干这个,也比闲着好。"

孔子感叹什么呢?学生中有人"饱食终日,无所用心",太难教育了?社会中有人"饱食终日,无所用心",太难改变了?权且判断两种意思都有。一个国家到了绝大部分知识分子都"饱食终日,无所用心"的时候,政权也就处在危险之中了。明末清初志士鸿儒顾炎武,分析明朝亡国的根本原因是:南方士大夫"群居终日,言不及义",北方士大夫"饱食终日,无所用心"。言不及义,那是因为不学无术,心无主张,心无正义,自然言谈举止不会涉及道义。无所用心,那是因为丧失良心,丧失良知,丧失责任感。至于孔子后半句说,下下围棋也可以啊,好过整天醉生梦死厮混,倒是有独特的教育价值。脑袋越用越灵,包括记忆力在内并不遵循年龄越大越差的规律。科学研究表明,在人的一生中,人脑绝对重量的差异并不是很大,差异在于脑细胞突触之间的连接通道数量的变化,终身学习的人突触连接通道会不断增加,但是无法到达极限,人类无论如何勤奋,都不可能穷尽大脑潜能。越学越聪明,越学越健康,越学越长寿。所以,我主张以学养心,以学养神,以学养身。

孔子提倡围棋游戏，富有教育智慧。围棋是上天赐予中华民族的瑰宝，是中国文化精神的重要载体。围棋的教育价值，怎样表达都不过分。一是围棋是一种倡导"公平意识"的游戏。从猜先、着子、布局、中盘、官子到终盘，全过程都充分体现了平等，每个棋子的价值也都无限趋近于均等，丝毫没有中国象棋和国际象棋的等级观念。二是围棋变化基数巨大。这个变化基数高达$1 \times 10^{174}$，这个基数比宇宙原子量的总和还要大几乎无数倍，任何人穷其一生都无法穷尽其变化，如此大的变化基数，围棋对人类智力的开发功能无与伦比。三是围棋蕴含了东方哲学智慧的全部范畴：轻与重、缓与急、厚与薄、刚与柔、大与小、攻与防、进与退、朴实与华丽、稳重与飘逸、厚实与轻灵、激进与舒缓、整体和局部、边际与中腹、战略与战术……棋盘上的哲学智慧对人的影响非常大。数千年来人类的计算能力比不上珠算，并不意味着人类计算能力的终结；数十年前人类计算能力比不上一台普通的计算器，并不意味着人脑计算能力的终结；同理，"阿尔法围棋"以4:1战胜韩国棋手李世石，又以4:0战胜柯洁，并不意味着围棋的终结。道理很简单，人类围棋游戏的目的不在于胜负，而在于增长智慧、陶冶性情、美化人生、塑造人格，追求的是精神饱满和人格完善。

如果10个中国人中，有3个人喜欢围棋，中华文明已然复兴！所以，我坚持认为，围棋应该进学校、进课堂、进家庭、进生活！

## 17.23　君子尚义

> 子路曰："君子尚勇乎？"子曰："君子义以为上。君子有勇而无义为乱，小人有勇而无义为盗。"

子路说："君子崇尚勇敢吗？"孔子答道："君子以义作为最高尚的品德，君子有勇无义就会出乱子，小人有勇无义就会偷盗。"

君子有勇无义，关键时候就会乱了方寸；小人有勇无义，就会成为强盗。这是对子路开的专用药方，因为子路尚勇，但仁义不够，若不时时提醒，恐怕子路不会记住。儒家反对逞匹夫之勇，提倡汤武之勇，汤武之勇有道义、有仁义、有责任、有担当。

## 17.24　君子之恶

> 子贡曰："君子亦有恶①乎？"子曰："有恶。恶称人之恶者，恶居下流②而讪③上者，恶勇而无礼者，恶果敢而窒④者。"
> 曰："赐也亦有恶乎？""恶徼⑤以为知⑥者，恶不孙⑦以为勇者，恶讦⑧以为直者。"

子贡说："君子也有憎恶吗？"孔子说："有。憎恶背后宣扬别人坏处的人，憎恶自甘堕落而诽谤向上的人，憎恶勇敢而不知礼的人，憎恶果敢而固执的人。"

孔子又说："赐，你也有憎恶吗？"子贡说："憎恶窃取别人成果而自称聪明的人，憎恶不谦逊而以为自己勇敢的人，憎恶揭发别人短处而自以为正直的人。"

孔子和子贡的憎恶，时至今日，仍不过时。背后宣扬别人短处的人，非常可恶；自甘堕落而诽谤积极向上的人，非常可恨；勇敢而不懂礼的人，非常难缠；果断而固执的人，非常可怕；剽窃别人成果而自以为聪明的人，非常可鄙；不谦逊而自以为勇敢的人，非常可悲。我认为果断而固

---

①恶：厌恶、痛恨。②下流：下等的，在下位的。③讪（shàn）：诽谤。④窒：阻塞，不通事理，顽固不化。⑤徼（jiǎo）：窃取，抄袭。⑥知：同"智"。⑦孙：同"逊"。⑧讦（jié）：攻击、揭发别人。

执最过分的莫过于崇祯皇帝。历史学家已经用足够的证据证明，逮捕袁崇焕以后，崇祯皇帝已经知道自己上了皇太极的当。然而遗憾的是，崇祯皇帝没有读懂《论语》这一章，至少是没有认真消化吸收，否则不至于如此荒唐，明知冤枉还坚持杀害袁崇焕，借以塑造自身"果敢"的形象，以至于自毁长城，最终导致王朝毁灭，自己煤山自缢。读到此处，可以做结论，明朝灭亡，不是天意，而是咎由自取。从天子到庶人，不能修己，如何能安人？更不用说安天下！

感悟

01

02

03

## 17.25　爱的无奈

> 子曰:"唯女子与小人为难养也,近之则不孙,远之则怨。"

孔子说:"只有女子和不成熟的人难和他们共处,亲近则恃宠而骄,疏远则生怨恨。"

诚哉斯言,自古皆然。孔子只是论人性而言,而后世认为孔子是"男尊女卑""夫为妻纲"的大男子主义的始作俑者。大谬不然,孔子讲出的只不过是对人性的认识,或者说是教育学上的结论:女人很多时候与未成熟的人很相近,太过亲近则恃宠而骄,太过疏远则心生怨恨。如果没有修炼到内心足够强大,无论男人女人都有如此表现,时至今日,国人多以不成熟的心态生存或求生存于当世。孔子对此始料未及,但这却是中华民族伟大复兴必须解决的国民性格和民族文化心理疾病问题。

看历史,用显微镜只能看到局部的细节,用放大镜有时候只能看到问题的表象,当今学者看历史研究文化,还要适当采用长焦镜或广角镜。全面认识孔子,尤其需要使用历史长焦镜或广角镜。有人说"唯女子与小人为难养"是儒家文化的败笔,是对妇女歧视文化的源头,其实正好相反。孔子崇尚真诚,赞美自由自主浪漫的爱情,说出的只是真实感受,绝不是一种歧视。我的研究结论是,孔子是男女平等的首创者,是自由恋爱的倡导者。有根据吗?有。根据在《诗经》。如果孔子不提倡男女平等,有

《诗经》中那么多的纯朴、淳厚、热烈、真挚的爱情描写吗？君子是儒学的理想人格，但是君子对女子却是"寤寐求之""辗转反侧""琴瑟友之""钟鼓乐之"。如果不是男女平等，怎会有《蒹葭》中君子对佳人"宛在水中央"的无限期待与惆怅呢？如果不是男女平等，怎么会有《静女》中"爱而不见，搔首踟蹰"的焦虑呢？古今中外诗歌描写爱情美好没有超过《诗经》的。

历史不可以假设，但是对历史人物某个时候的情感世界可以做一个假设式的心理分析。如果孔子没有曾经深爱同时被深爱，绝对发不出"唯女子与小人难养"这样的经典感叹。因为深爱也同时被深爱，真爱也同时被真爱，珍爱同时也被珍爱，所以才能"折腾"对方，"折腾"出山盟海誓，"折腾"出缠绵悱恻，"折腾"出不离不弃，"折腾"出生死相依。如此，才会有"唯女子与小人难养"的感叹，以"小人"衬托"女子"，极言其心性难定，就像现代流行歌曲唱的："像雾像雨又像风"，难以把握！能读懂孔子的内心，是因为曾经或者正在拥有刻骨铭心的如海深情！

## 17.26 悲从中来

> 子曰:"年四十而见恶焉,其终也已。"

孔子说:"到了四十岁还被人厌恶,一生也就完结了。"

古人平均寿命50岁左右,太平盛世略多,乱世则50不到,所以有"人生七十古来稀"的感叹。40岁尚且遭人唾弃,这一辈子还有希望吗?基本没有。40岁如果不被人厌恶,还是有奇迹的。《富春山居图》的作者黄公望,50岁开始学画,我们现在能看到的黄公望的作品基本上都是他60岁以后的作品。黄公望绘画超越了世俗,超脱了功利,形成了平淡、恬然、天真的风格,充分体现了回归本性的自在,形成了中国山水画的一座丰碑。

现代人的平均寿命可达70岁以上,40岁正值盛年,即便仍被人厌恶,但只要"过而改之",前途尚有可期,事业尚有可为。尤其是做教师的,40岁的教师如果尚无建树,尚不被认可和接受,断不可悲观,断不应悲观,断不能悲观!还有30年光景,只争朝夕,与时俱进,以学养心,拓展眼界,提升境界,改变一代又一代人的命运,功德无量。写到此处,突然意识到自己青丝染霜,两鬓斑驳,壮志未酬,不禁悲从中来!呜呼,成事在我,只争朝夕!

感悟

01

02

03

04

05

06

07

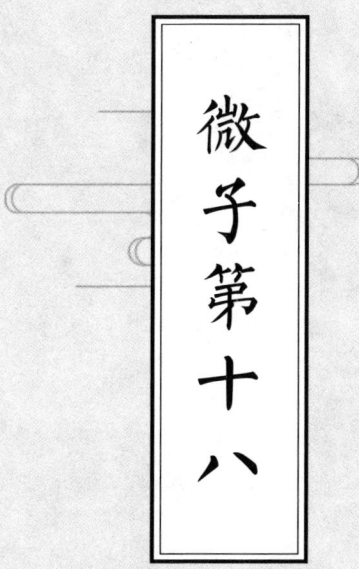

微子第十八

## 18.1  殷有三仁

> 微子①去之，箕子②为之奴，比干③谏而死。孔子曰："殷有三仁焉。"

微子离开了纣王，箕子做了他的奴隶，比干因为劝谏而被杀。孔子说："殷朝末年有三位仁人啊。"

孔子提倡的"仁"含义非常广，非常厚，非常重。微子、箕子、比干均系纣王的亲人兼大臣。微子作为纣王的同胞兄弟，原想以死明志，劝谏纣王。但是，他最终听从老师的教诲，远离纣王，远离是非，远离不仁之地，远离不仁之君，保全有用之躯，择机造福黎民，是"仁"。箕子没有选择出逃，没有选择自杀或他杀，而是选择装傻装疯，忍辱负重，保全仁人之躯，以图有用之时。武王获得牧野之战胜利后，箕子获得解放并获封朝鲜，造福一方，是"仁"。比干是纣王的叔父，不赞成微子出逃，选择以死谏纣王，结果被剖心。比干之死不是为纣王，而是为苍生，也是"仁"。此三子，孔子都认为是"仁"，假如让后世伪儒学者评价，估计除了比干其他二人都算不了仁人。孔子认为"仁"的理由，是因为这三人都心忧天下，心系国家，以苍生为念，这是"大仁"。读本章，深感原始儒学的淳厚、真诚、真实！

---

①微子：殷纣王的同母兄长，因纣王无道，劝他不听，遂离开纣王。②箕（jī）子：殷纣王的叔父。劝纣王不听，便披发装疯，被降为奴隶。③比干：殷纣王的叔父，屡次强谏，激怒纣王，纣王说："我听说圣人的心有七窍，我要看看是否如此。"于是将比干剖心。

## 18.2 下惠之贤

> 柳下惠为士师①,三黜②。人曰:"子未可以去乎?"曰:"直道而事人,焉往而不三黜?枉道而事人,何必去父母之邦?"

柳下惠当法官,三次被罢免。有人说:"你不可以离开鲁国吗?"柳下惠说:"按正道工作,到哪里不会被多次罢官呢?如果不按正道工作,为什么一定要离开祖国呢?"

对柳下惠的感慨,我到今天依然动心,依然觉得震撼。正道为官,往往挡住不法分子的财路,经常莫名其妙地被投诉,莫名其妙被整蛊。但是,如果不以正道为官,不以正道为师,到哪里都不过是混碗饭吃,何必背井离乡呢?既然选择了,从此无怨无悔,从政,则坚持正道为官;从教,则坚持正道为师!不计名利得失,保全有用之躯,努力实现理想,努力为民服务!

---

①士师:法官。②黜:罢免不用。

## 18.3 不可贱卖

> 齐景公待孔子曰:"若季氏,则吾不能;以季、孟之间待之。"曰:"吾老矣,不能用也。"孔子行。

齐景公讲到对待孔子的礼节时说:"像鲁君对待季氏那样,那我做不到;(我)用低于季氏而高于孟氏之间的待遇对待他。"不久又说:"我老了,不能用他了。"孔子离开了齐国。

孔子虽然急于入世,但是美玉不可贱卖啊!微子离开商纣王与孔子离开齐景公可谓有着异曲同工之妙:远离不仁之地和不仁之人,跳出区域的局限,换个地方推行自己的核心价值观和政治主张,也符合"仁"的精神。

## 18.4 三日不朝

> 齐人归①女乐,季桓子②受之,三日不朝。孔子行。

齐国赠送了一些歌女给鲁国,季桓子接受了,君臣三天不上朝。孔子于是离职走了。

齐国想削弱鲁国,使用了美人计,给鲁国国君送来一大批美女,鲁国国君和季桓子不仅欣然受之,甚至于三日不朝。以孔子之博学、智慧、自信与自负,他只能选择离开父母之邦。因为面对这样的国君和这样的大夫,孔子没有办法实践自己的政治理想——不能传道,不能弘道,无法造福苍生,无法为国家分忧——留下来除了受辱恐怕不会有第二种结局。如果人生偶尔碰到道德低劣、行为丑陋的上位者,与之相处,备受煎熬,按理说应该效法孔子,拍案而起,拂袖而去。但是,静下心来想一想,儒者怎么会与那种人一般见识,怎能因为一个不值得的人而毁弃自己的人生价值,怎能因为碰到一个极品败类就放弃对明天的期待?所以,儒者会选择忍辱负重,静待花开!

①归:同"馈",赠送。②季桓子:鲁国执政上卿季孙氏。

## 18.5 来者可追

> 楚狂接舆①歌而过孔子曰:"凤兮!凤兮!何德之衰?往者不可谏,来者犹可追。已而,已而!今之从政者殆而!"
> 孔子下,欲与之言。趋而辟之,不得与之言。

楚国狂人接舆唱着歌从孔子车旁走过,他唱道:"凤凰啊!凤凰啊!你的德运为何衰弱?过去无可挽回,未来还来得及追求。算了吧,算了吧!今天的执政者危险啊!"

孔子下车,想同他谈谈,他却赶快避开,孔子未能与他交谈。

这是道家与儒家的一次交流,两种截然不同的世界观和人生观跃然纸上。儒家关心的是族群,道家关怀的是自我。道家在中国文化史上的贡献,是在人生不如死的时候、对人世彻底绝望的时候,给人活下来的希望:放弃现实,放弃责任,解放自己。儒家文化却没有那么洒脱,以苍生为念,以天下为己任,担当道义,有一线希望,便付出万分努力。儒家文化往往是在人们面临着巨大灾难,对社会乱象无能为力的时候,给人们活下去的希望,给人们活得更好的力量。明知不可而为之,不放弃就有希望。其实,这也是我的《论语心读》与心灵鸡汤式的解读的本质区别,我倡导回到先秦,回到原儒,回到孔子儒家,重建知识分子的慈悲,重建知识分子的情怀,重建知识分子的批判精神,重建知识分子的使命与担当。不是劝人潇洒和放下,而是劝人负责和担当!

---

①楚狂接舆:楚国狂人,姓接,名舆。

## 18.6　子路问津

长沮、桀溺①耦而耕②。孔子过之，使子路问津③焉。

长沮曰："夫执舆④者为谁？"

子路曰："为孔丘。"

曰："是鲁孔丘与？"

曰："是也。"

曰："是知津矣。"

问于桀溺。

桀溺曰："子为谁？"

曰："为仲由。"

曰："是鲁孔丘之徒与？"

对曰："然。"

曰："滔滔者天下皆是也，而谁以⑤易之？且而与其从辟⑥人之士也，岂若从辟世之士哉？"耰⑦而不辍。

子路行以告。

夫子怃然⑧曰："鸟兽不可与同群，吾非斯人之徒与而谁与？天下有道，丘不与易也。"

---

①长沮、桀溺：两位隐士，真实姓名和身份不详。②耦而耕：两个人合力耕作。③问津：询问渡口。津，渡口。④执舆：即执辔。⑤以：与。⑥辟：同"避"。⑦耰（yōu）：用土覆盖种子。⑧怃然：怅然，失意。

长沮、桀溺合力耕种。孔子路过，让子路去问渡口在哪里。

长沮反问子路："那个拿着缰绳的是谁？"

子路说："是孔丘。"

长沮说："是鲁国的孔丘吗？"

子路说："是的。"

长沮说："那他早知道渡口在哪里。"

子路再去问桀溺。

桀溺说："你是谁？"

子路说："我是仲由。"

桀溺说："鲁国孔丘的门徒吗？"

子路说："是的。"

桀溺说："像洪水一般多的坏人到处都是，你们与谁去改变呢？而且你与其跟着躲避人的人，为什么不跟着我们这些躲避社会的人呢？"手中仍旧不停地做农活。

子路回来把情况报告孔子。

孔子很失望地说："人不能与飞禽走兽同群共处，如果不同人打交道还与谁打交道呢？如果天下太平，我就不会推动改革了。"

入世和避世再次对立，此章足见孔子社会责任感、使命感和忧患意识之强烈，足见孔子和儒家积极入世、救民于水火的仁者情怀之浓厚。读本章我们懂得孔子儒家：一是知道人生的渡口在哪里，也知道社会的渡口在哪里。孔子认为人的出路是人格自觉，社会的出路是升级版的周代文明。二是即便洪水滔滔，儒家也要为民众准备好挪亚方舟。在对待社会发展的问题上，儒家和道家是两种对立的态度，儒家积极入世，救民于水火；道家消极避世，救民于心。儒家虽然也避世，但避开的是暂时无法作为的乱世，到可以作为的地域推广自己的主张，追求自己的理想，实现自己的价值。道家避世，则是完全退出体制，退隐山林，守护心田，怡然自乐。儒家"无为而治"，是为了分清楚有所为和有所不为，集中精力做好"有所为"的事情。道家"无为而治"，则往往全是为了有所不为。当然，当人类文明达到最高境界的时候，这两种"无为而治"会殊途同归。

感悟

01

02

03

## 18.7 胡不归去

> 子路从而后，遇丈人，以杖荷蓧①。
>
> 子路问曰："子见夫子乎？"
>
> 丈人曰："四体不勤，五谷不分②，孰为夫子？"植其杖而芸。
>
> 子路拱而立。
>
> 止子路宿，杀鸡为黍③而食④之。见其二子焉。
>
> 明日，子路行以告。
>
> 子曰："隐者也。"使子路反见之。至，则行矣。
>
> 子路曰："不仕无义。长幼之节，不可废也；君臣之义，如之何其废之？欲洁其身，而乱大伦。君子之仕也，行其义也。道之不行，已知之矣。"

子路跟随孔子出行，落在了后面，遇到一个老丈，用拐杖挑着除草工具。

子路问道："你看到我的老师了吗？"

老丈说："我四肢来不及劳作，五谷还来不及耕种，哪里顾得上你的老师是谁？"说完，便扶着拐杖去除草。

---

①蓧（diào）：锄草用的器具。②四体不勤，五谷不分：有学者说这是丈人指自己。"分"是粪。句意：我四肢来不及劳作，五谷来不及播种，没有闲暇，怎知你夫子是谁？也有学者说是丈人责备子路手脚不勤，五谷不分。这里采用第一种说法。③黍（shǔ）：黏小米。④食（sì）：拿东西给人吃。

子路拱着手恭敬地站在一旁。

老丈留子路到他家住宿，杀了鸡，做了小米饭给他吃，又叫两个儿子出来见子路。

第二天，子路赶上了孔子并报告此事。

孔子说："这是个隐士啊。"叫子路再回去看看他。子路到了那里，老丈已经走了。

子路说："不做官不对。长幼礼节不可废弃啊！君臣大义怎么能废弃呢？想自身清白，却破坏了根本的君臣伦理。君子做官，只为道义。儒道行不通，早已经知道了（潜台词是：不能因为儒学没有人认可，就不做官，就不去尽力而为。）。"

有的学者说，本章是农民骂四处周游列国的孔子"四体不勤，五谷不分"，我不这样看。首先，孔子身材高大，善于驾车，善于射箭，不至于四体不勤；其次，孔子自述"吾少也贱，故多能鄙事"，绝不至于"五谷不分"。隐士的意思是与其从政，不如耕田，不如归隐。子路认为隐居山林是不对的，君子绝不应抛弃君臣之伦和对天下苍生应尽的义务。其实，这里是借子路的话，再一次表明孔子儒家的情怀：不仅有独立的学术思想，不仅有对现实的不满和批判，更有对现实的责任和担当。这就是中国传统"士"的精神！

## 18.8 随心所欲

> 逸①民：伯夷、叔齐、虞仲、夷逸、朱张、柳下惠、少连。子曰："不降其志，不辱其身，伯夷、叔齐与？"谓："柳下惠、少连，降志辱身矣，言中伦，行中虑，其斯而已矣"。谓："虞仲、夷逸，隐居放②言，身中清，废中权。我则异于是，无可无不可"。

被遗落的人才有：伯夷、叔齐、虞仲、夷逸、朱张、柳下惠、少连。孔子说："不降低自己的志向，不屈辱自己的身分，这是伯夷、叔齐吧？"说："柳下惠、少连被迫降低自己的意志，辱自己的身份，但说话合乎伦理，行为合乎人心，他们也只能如此罢了"。说："虞仲、夷逸过着隐居的生活，说话很随便，能洁身自好，进退权宜。我却不同于这些人，没有什么可以或不可以的限制（从心所欲）"。

儒者与隐者相比较而言，孔子认为自己比隐者更知道权变。伯夷、叔齐采薇而食，既不改忠君志向，也不愿意侮辱自身，是仁者。柳下惠、少连等虽然降低意志，甚至委屈自己去为官，但是说话合乎伦理，行为合乎人心，尽人事而敬天命，是仁者。虞仲、夷逸等过着隐居生活，言论自由，洁身自好，暂时离开体制，为权宜之计，算是仁者吗？也许算吧。孔

---

①逸：同"佚"，散失、遗弃。②放：放纵、随意。

子认为，这都不是自己的选项。像伯夷、叔齐那样遁世？不可以！像柳下惠、少连那样委曲求全？不可以！像虞仲、夷逸那样洁身自好，随遇而安？不可以！孔子的选择，只要能够实现自己的理想，可以离开不能作为的地方，可以超越地域限制，可以不看别人脸色，也可以不听难听的话，甚至"道不行，乘桴浮于海"，但是，就是不可以空耗生命，就是不可以无所事事，就是不可以随波逐流。

　　儒家的权变决定了儒学的开放性，儒家文化与道家文化互为补充，滋养了数千年灿烂的中华文明，现在依然有能力滋养全新的中华文明，因为儒学是开放的，是包容的，不会排斥任何思想。

## 18.9　人才流失

> 大师挚①适齐，亚饭干适楚，三饭缭适蔡，四饭缺②适秦，鼓方叔③入于河，播鼗④武入于汉，少师⑤阳、击磬襄⑥入于海。

乐官之长太师挚到齐国去了，亚饭乐师干到楚国去了，三饭乐师缭到蔡国去了，四饭乐师缺到秦国去了，打鼓的方叔到了黄河边，敲小鼓的武到了汉水边，副乐师阳和击磬的襄到了海滨。

此章列举以太师挚为代表的大德大师纷纷离开鲁国，或去了别的国家，或隐身江湖，甚至出海。高端人才的流失，意味着礼乐崩坏。看一个民族的兴衰，要看人才的聚合力和聚合量，尤其要看高端人才的聚集情况。1949年中华人民共和国成立，以钱学森为代表的一代海外学人，冒死回国参加新中国的建设，这便是民族复兴的表现。

2000年以后人才大量流失，却是中华民族不可抹去的伤痛。某一个时段，很多人选择离开。所幸，还有很多人深深眷恋故土，深深爱着国家，深情坚守家园。所慰，近年来，越来越多的有志之士、有识之士、有能之士纷纷回国，为中国梦奉献自己的青春和智慧！

---

①大师挚：太师是鲁国乐官之长，挚是人名。大同"太"。②亚饭……四饭缺：诸侯用饭都要奏乐，所以乐官名若此。干、缭、缺是人名。③鼓方叔：击鼓的乐师名方叔。④鼗（táo）：小鼓。⑤少师：乐官名，副乐师。⑥击磬襄：击磬的乐师，名襄。

## 18.10 不弃故旧

> 周公谓鲁公①曰:"君子不施②其亲,不使大臣怨乎不以③。故旧无大故,则不弃也。无求备于一人。"

周公对鲁公说:"君子不仅仅只是施恩亲属,不要让大臣们抱怨使他们的才能不得施展。旧友老臣没有大的过失,就不要抛弃他们。不要对一个人求全责备。"

周公旦制礼作乐,开创了华夏文明礼制,备受孔子推崇,成为儒家文化精神的重要承载者。孔子儒家学说,就是在周公开创的礼制实践中提炼出来的。

周公之王道根本在于:一是任人唯贤。一旦任人唯亲,离崩溃已经不远了。二是广开言路。大臣、忠臣、谏臣有益于社稷的话,必须采纳,才不至于让大臣怨恨。三是不弃故旧。故旧往往有恩于国家社稷,虽然老了,但还是应当照顾。四是为人宽厚。不求全责备,严于律己,宽以待人。人们称周恩来有周公之风度,其实也就是因他继承了这四点。周公之道,依然有其现实意义。任何团队做到这四点,这个团队就兴旺。一旦"飞鸟尽,良弓藏。狡兔死,走狗烹",这个团队必然走下坡路,甚至直趋坟墓。

---

①鲁公:周公的儿子伯禽,封于鲁。②施:施恩。③以:用。

## 18.11　国家栋梁

> 周有八士①：伯达、伯适、仲突、仲忽、叔夜、叔夏、季随、季騧。

周代有八个有情怀的士：伯达、伯适、仲突、仲忽、叔夜、叔夏、季随、季騧。

一个时代的出现，需要有"王者兴"，需要有擎天柱，也需要有一大批以天下为己任的知识分子作为王朝大厦的基石。周代偏居一隅，数世励精图治，终于在牧野之战一举击败商纣王，建立数百年帝王基业。新中国的诞生也是如此，有毛泽东等杰出领袖，也有朱德、彭德怀、罗荣桓、徐向前、贺龙、刘伯承等一大批杰出军事家，还有陈赓、徐海东等璨若星辰的大将。一个时代最杰出的人才，勠力同心，才创造了一个新的中国。一将功成万骨枯，革命必然要承受巨大的破坏和牺牲。所幸，儒学没有破坏一个旧世界的线路设计，只有建设一个新世界的顶层设计、线路设计、建筑设计。期待儒学能以其独有的开放性，接纳世界多元文化、多种文明的成果，将中华民族导入良性循环的发展轨道。

---

①八士：此八士已不可考。

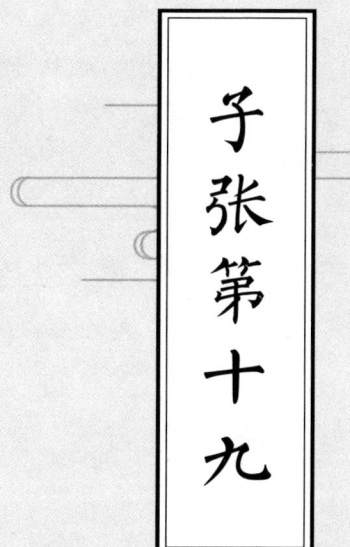

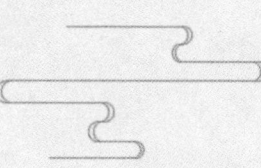
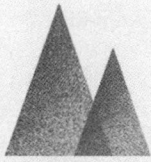

子張第十九

## 19.1　士人情怀

> 子张曰:"士见危致命,见得思义,祭思敬,丧思哀,其可已矣。"

<u>子张说:"士遇见危险可以奉献生命,看到利益思考是否符合道义,祭祀严肃恭敬,居丧真诚哀伤,士这样就可以了。"</u>

士是具有以苍生为念、悲天悯人情怀、独立人格和批判精神的知识分子。士的结构决定了社会结构,士的道德决定了社会道德,士的价值取向决定了社会的价值标准,士的独立精神和批判精神决定了社会的文明程度,士的文化追求决定了社会大众文化的风尚走向。士肯定是读书人,但读书人未必是士。

按照子张的说法,士应具备4种宝贵品质:一是勇于牺牲。士在族群需要的时候可以献出生命,如顾宪成、陆游、辛弃疾、文天祥、顾炎武、陈寅恪、熊十力、马一浮、梁漱溟等。二是见得思义。士在得失面前不忘道义,敢于担当道义。面对精神缺失和信仰危机,士敢于为天地立心,为生民立命。士在权力、金钱、美色面前,不丧失道德底线和正义原则。三是敬畏天命。敬天未必是敬畏上帝,而是敬畏造物主,敬畏大自然,敬畏自然规律。敬畏心是人类的基本道德底线,当这个底线被突破的时候,社会就乱象丛生。四是以苍生为念。士必须爱人,关爱苍生,兼济苍生,包括远去的生民。这四种品质,是当代知识分子必须坚守的精神传统。

## 19.2 独立人格

> 子张曰:"执德不弘,信道不笃,焉能为有?焉能为亡?"

子张说:"拥有道德却不弘扬,信仰道义却不坚持,这种人有又怎么样?没有也无所谓?"

士必须有独立人格,必须坚守自己的信仰,坚守自己的价值,坚守自己的理想,切实担负起弘扬道义的使命。士没有独立人格,缺乏独立的价值判断、独立的世界观、独立的人生观,就缺乏坚守的精神信仰和伦理情怀,就会缺乏批判精神,自然会随波逐流,同俗自媚,忘了自己的责任和使命。教师如果具有儒家情怀,就有理想和激情,有理念和思想,有学养和才气,有智慧和追求,有研究和建树,有反思和批判,有改革和创新。如此,人格可以独立;如此,方能弘扬道义;如此,就算举世皆浊,自己也会清醒,也会执着前行。

## 19.3　儒学之辩

> 子夏之门人问交于子张。子张曰:"子夏云何?"
> 对曰:"子夏曰:'可者与之,其不可者拒之。'"
> 子张曰:"异乎吾所闻:君子尊贤而容众,嘉善而矜不能。我之大贤与,于人何所不容?我之不贤与,人将拒我,如之何其拒人也?"

子夏的学生向子张请教如何交友。子张说:"子夏怎么说的呢?"

答道:"子夏说:'可以相交的就交朋友,不可以相交的就拒绝。'"

子张说:"我所听到的不一样:君子既尊重贤人,又包容众人;赞美善人,又同情弱者。如果我是大贤大德,对别人有什么不能包容的呢?如果我不够贤良,人家拒绝我,又怎么说得上拒绝人家呢?"

面对子张、子夏的不同主张,如果必须做出非此即彼的选择,我会选择子张。为什么?因为子张的主张更有儒家情怀:一是尊重贤者。能容纳所有人,无论是草根,还是小人。把小人培养成君子,或让小人通过道德自觉成为君子,让普罗大众养成并坚守某种价值和信仰,这不正是儒家的追求吗?儒家以人为本的哲学思想,儒家以民为本的政治理念,决定了其选择取向:尊贤,尚贤,但包容和兼济苍生。二是鼓励成功者也同情弱者。同情弱者,帮助弱者,帮助比自己差的人,这是现代文明的特征,中国文化并没有缺失这种传统,只是没有被发掘和发扬。将这两个价值取向作现代性转换，正能弥补现代社会文明进程中缺失的两样东西，即对普罗大众的理性尊重、对弱者的关怀和扶助。对普罗大众的盲目尊重，会助推民粹主义，社会将走向失控。掌握真理和正义与否，不能以人的多少作为评价标准。关爱扶助弱者需要真诚，需要本心，需要唤醒良知的自觉，而不是政治作秀。

当然，选择子夏的主张也未必是错误的，因人而异，因时而异。比如做公务员，不是什么人都可以交朋友的，该拒绝的要善于拒绝。再比如做教师，也不是什么人都可以做朋友，给生活做减法，留点时间给自己，学习修养提升，成就自己的精彩人生。其他职业又何尝不是如此呢？正如我的导师郑永廷先生告诫我的，什么人都应酬，势必迷失自己！人生的成功与失败，很大程度上取决于朋友选择的对与错！

## 19.4　重在求道

> 子夏曰："虽小道①，必有可观者焉，致远恐泥②，是以君子不为也。"

子夏说："虽然都是些小技艺，一定有可取之处，但用它来实现宏伟目标就行不通，所以君子不能执着于小艺。"

在人类文化的元典时期，圣哲们对人性的洞悉不能不让人佩服。虽然文学、美术、音乐、书法、围棋乃至于车工、铆工、钳工、电焊工等都具有可取的技艺，但是用其来实现远大的理想和追求，可能性恐怕是很小的。君子可以有这些才能和技艺，但是不能执着于这些技艺，否则，无法成就大业。毛泽东既没有上过军事学院，也没有任何一项军事技术，甚至打枪都上不了靶子，但是却善于战略性、全局性、前瞻性、创造性地思考和解决军事问题，他对军事行动的指挥被对手和下属称为"艺术"。毛泽东的草书，自张旭、怀素之后无出其右者，但是毛泽东没有把自己拘囿于书法艺术的范畴，书法只不过是他的写作工具而已。如果胸中没有百万雄兵，没有万里江山，没有给宇宙以道德终极关怀的宏伟抱负，不要说成立中华人民共和国，就是成为一流的书法家都不太可能，因为没有足够的格局，没有足够的能量，没有足够的磁场！孔子要培养的是政治家，是社会管理精英，而不是工程师、农艺师等。从这一章可以窥见孔子的教育价值取向：道器相权，重在求道！

---

①小道：指农工商医卜之类的技能。②泥：阻滞，妨碍。

## 19.5　日知所亡

> 子夏曰："日知其所亡，月无忘其所能，可谓好学也已矣。"

子夏说："每天都知道自己还有很多不知道的，每月不忘已学的，可算是好学了。"

顾炎武《日知录》一书，缘起子夏"日知其所亡"一句。子夏的观点阐明好学的两个要点：一是每天学习自己不知道的知识，每天追求自己尚未达到的道德境界；二是每月不忘记已经学到的知识，每月增进自己的德行。在"好学"的背后还有两个更重要的思想：一是孔子儒家一贯倡导的终身学习的思想。当学习成为终身的自觉，当学习成为生命常态，命运就掌握在自己手里。二是"知行合一"的方法论。读书可以改变人心，但是只有内心认同，付诸实践，并成为行为自觉，达到"知行合一"的境界，才能改变人生和命运！儒学是经验之学，"日知其所亡，月无忘其所能"代表了古代学习理论的最高成就。

## 19.6　博学笃志

> 子夏曰:"博学而笃志①,切问②而近思,仁在其中矣。"

子夏说:"博学而坚守志向,抓住关键问题而认真思考,仁就在其中了。"

虽然博学但是不偏离成就君子人格的志向,抓住关键,逐步解决问题才能进步,做到这样就是仁。学习型管理理论的核心观点之一就是学习具有鲜明的方向性,如果迷失了学习方向,"博学"而不能"笃志",不能让知识内化为素质,不能让阅历成为才气,就容易变成有脚书橱,十足的书呆子。这样的"博学"古时不需要,当今更不需要;岂止不需要,简直避之不及。试想,把一个企业、一个单位、一个系统交给这样的"博学之士",不弄得一团糟才怪呢!"切问",在现代语境中就是"做学问必须具有强烈的问题意识"。社会科学研究必须解决现实世界的问题,这个问题可以是局部的,也可以是全局性的,甚至是前瞻性的。我研究《论语》和儒家文化,核心目标是让教育回归精神活动的本真、重建有教无类的情怀、恢复因材施教的传统等。我欲用儒家文化所传承的民族精神、价值理念、伦理情怀构筑民族精神家园,养护师生的心灵,养护国人的灵魂。不是为做学问而做学问,而是为弘道而做学问,为教育改革而做学问,为民族复兴而做学问。

---

①志:志向。②切问:抓住问题的关键。

## 19.7 学以致道

子夏曰:"百工①居肆②以成其事,君子学以致其道。"

子夏说:"各行各业的工匠在作坊里完成自己的工作,君子通过学习来获得道。"

子夏认为,君子学以致道就像百工在作坊完成工作一样,以百工学艺作为铺垫,类比君子学道、修道的过程,形象而贴切地告诉读者:不学习则无法接近道,无法获得道。当然,儒家语境中的学习,至少包括认知和实践两个维度,指促进人的发展的学习、调查、研究、实践等行为。春秋时轮扁的故事颇能说明学艺和学道的差异:轮扁是齐国有名的木工。齐桓公召轮扁入宫打造车轮。入夜,轮扁见齐王在殿上读书,问道:"君王所读何书?"齐桓公说是圣贤之书。轮扁摇头否定:"圣人之书皆糟粕,读之无用。"齐王大怒,要轮扁做出合理的解释,不然杀头! 轮扁说:"我的手艺全国第一,一心想要传授给儿子,但是却无法准确说出自己对手艺的感觉,所以,不论怎么教,儿子总是学不会。圣人写出来的其实未必是他内心真正想要表达的东西。内心真实的感悟,语言往往不能很好地表达。后人读的所谓圣贤书,不是糟粕又是什么呢?"听了轮扁的一番话,齐桓公默然不语。这里蕴藏着学艺与修道、求知与求道的差异,修道、闻

---

①百工:各行各业的工匠。②肆:古代社会制作物品的作坊。

道、达道，或许必须经历学艺、学知识的过程，但是技艺和知识绝对不是道。能写出来的是知识，是技艺。读了以后心有所悟，心有所得，通过知行合一，将其融入灵魂，身心一体，才算是闻道、达道。

读书人虽四书五经背得滚瓜烂熟，却不能称之为有道。因读书而境界顿高，心胸顿开，包容万物，悲天悯人，兼济苍生，以天下为己任，为民众、为民族、为国家不知疲倦地奋斗和奉献，才能算是达道，才能算是道德高尚者。

## 19.8 小人文过

> 子夏说:"小人之过也必文。"

子夏说:"小人犯错了一定会掩饰。"

《论语》语境中的"小人"通常不是指在野之人或地位低下之人,而是指道德修养境界离君子很远的人。从帝王、国君到大臣、家臣、贫民等,都有可能是小人。小人对待自己的错误会选择掩饰,不惜用10个错误掩盖1个错误。虽然孔子开创了儒家具有强烈的批判精神的清议之风,但是批评朝政在历朝历代都难以被接受,十之八九被当作反动势力镇压。儒家知识分子传承"清议"传统,却遭到文字狱之类的暴虐,并因此付出了生命的代价。历代当局都有反儒家举动。不敢直面批评的结果是体制失去造血功能,组织失去了自我更新功能。西方资产阶级知识分子却有批评体制、批评当局的优良传统,动辄发表"国家处在危险之中"的报告,而当局者也乐意接受,并且不断地调整战略,不断修正策略,避免危险甚至成功地走上良性发展轨道。虚心使人进步,批评促进发展!

## 19.9 人格魅力

> 子夏曰:"君子有三变:望之俨然,即之也温,听其言也厉。"

子夏说:"君子有三变:远看庄严持重,接近他却很温和,听他说话严谨不苟。"

如果联系颜渊对孔子的评价,"仰之弥高,钻之弥坚,瞻之在前,忽焉在后",子夏所说的君子,首先应是指孔子的人格魅力。"仰之弥高",指的是思想的高度;"钻之弥坚",指的是积累的厚度;"望之俨然",那是因为执着与严谨,是因为责任与担当;"即之也温",那是因为宅心仁厚,内心慈悲,包容宇内;"听其言也厉",那是后生感觉到先生语言的严谨和要求的严厉,是一种不怒而威的严厉,是一种无可欺骗、无可逃避的严厉。

孔子人格魅力的背后,有其思想、文化、学养、情感的支撑。个人魅力的形成不可以模仿,不可以复制,只能走一条以学养心,以学养身,以学养气,以学养人的路径。人格魅力对学生的影响是任何知识都无法替代的,也是任何现代技术都无法代替的,因为道在人身,道在人心,道在人格,离开了人格的熏陶,离开了生命磁场的感化,教育就变成无生命的知识积累和技术培训。

## 19.10　君子重信

> 子夏曰："君子信，而后劳其民；未信，则以为厉己也。信，而后谏；未信，则以为谤己也。"

子夏说："君子取得百姓信任，才可以管理百姓；否则，百姓就会以为是在虐待他们。取得上位者信任，然后才去劝谏；否则，上位者就会以为在诽谤他。"

诚信是君子安身立命的资格，诚信也是社会清明的资源。中国共产党取得政权的秘诀，就在于获得老百姓的信任：打土豪，分田地，让农民得到实惠，这是诚信；实行土地改革政策，让耕者有其田，这是诚信；宣扬民主救国，在陕甘宁边区实行直选，这是诚信；提倡民主建国，民主选举新一届政府成员，这是诚信。在诚信的基础上，获得人民最大限度的支持。缺失诚信，比缺石油、缺技术更可怕。子夏的话，似乎非常准确地描述了社会形态中执政者与民众之间的信任危机。中国社会转型过程中，一个十分重要的使命就是重建民众与政府的互信，有了这种互信，民众才有主人翁的责任感，社会才能进入深度稳定和高度文明的阶段。

## 19.11　大德不逾

> 子夏曰："大德不逾闲①，小德出入可也。"

子夏说："在大节上不能超越界限，小节上可以有些出入。"

"大德不逾闲，小德出入可也。"首先，道出了儒学的权变特征。儒家讲仁义，重在国家，重在苍生，而不拘礼于小节。孔子评价"管仲之仁"就在于管仲没有仿效匹夫匹妇自杀于沟壑，而是保全有用之躯，使齐国走向富强，使人民走向富裕，使苍生获得福祉。其次，道出了儒学的中庸境界。原始儒学恪守中庸，绝不走极端。"君君，臣臣，父父，子子"就是中庸，君像君，臣像臣，父像父，子像子，君臣关系是"君使臣以礼，臣事君以忠"。"君要臣死，臣不得不死"是对原始儒学的反动，走了极端，背离了中庸，伪儒学也就渐渐不被人所尊重和接受。儒学式微，不是社会抛弃了儒学，而是伪儒学者的罪过。

---

①闲：木栏，这里指界限。

## 19.12　学术自由

> 子游曰："子夏之门人小子，当洒扫应对进退，则可矣，抑①末也。本之则无，如之何？"子夏闻之，曰："噫②，言游过矣。君子之道，孰先传③焉？孰后倦④焉？譬⑤诸草木，区以别矣。君子之道，焉可诬⑥也？有始有卒者，其惟圣人乎？"

子游说："子夏的学生，教他们做些打扫和迎送客人的事情，还是可以的，但这些不过是末节小事，根本的东西却没有学到，这怎么行呢？"子夏听了说："唉，子游错了。君子之道先传授哪些，后传授哪些，这就像草和木，有分类区别。君子之道怎么可以随意歪曲呢？能有始有终有序地教学生，恐怕只有圣人吧。"

此章3点非常重要。一是学术自由。孔门学术自由，对于今天学术界尤其有借鉴价值。孔子时代，同门之内，能够如此争鸣，实在难能可贵。孔门更为可贵的是对其他学派，并不持否定态度，即便是面对道家的隐者，孔子也有意愿与之进行思想交流。二是生活教育。孔子自己"十有五而志于学"，对学生"自行束脩以上，吾未尝无诲焉"。古时候，小孩6岁入学，学习的内容就是洒扫、应对、送往迎来，这原本是很好的教育传统，

---

①抑：但是、不过，表示转折。②噫：感叹词，唉。③传：传授。④倦：教诲。⑤譬：比如。⑥诬：歪曲。

可惜被丢掉了，至今仍未捡起来。到了15岁，也就是现在的高中阶段，生活教育的任务已经完成，可以进入立志求道的阶段。三是循序渐进。子夏是孔子儒学的重要传人，其思想代表孔子的教育思想，而此章子夏强调做学问求道，一如草木，有本末之分，有先后顺序，不能说学习洒扫、应对就不是求道，这是教育的规律。学会生活，学会生存，也是在求道，也是在求大道！后世学者，很少关注到儒家这一教育主张！

## 19.13　仕优则学

> 子夏曰："仕而优①则学，学而优则仕。"

*子夏说："做官有余力就继续学习，学习有余力才去做官。"*

做官了如果有余力，就应当再学习；学习有余力，才去做官。"仕而优则学"，蕴含终身学习的思想，当官有余力就应当做学问、学习历史、学习政治、学习文学、学习哲学、学习艺术、学习劳动技术比如驾车等，如果转换到现代语境还必须学习经济。"仕而优则学"，蕴含了道德能力与岗位匹配的管理智慧。"学而优则仕"，人才只有通过文化学习、政治学习、政策学习、岗位锻炼、角色历练，道德能力足以胜任更高的职位，才可以在企业、事业单位、政府体制内发展。在民营企业，个人成熟了才能得到与道德人品相匹配的更好的职位，这比较容易做到，但是，在公务员体制内，很多人却因为种种原因，做不到"学而优则仕"。很多公务人员有书本知识积累，却没有基层锻炼经验，没有独当一面的实践能力储备，如果被提拔到领导岗位，或者毁了事业，或者毁了自己，或者一辈子平庸无建树也无作为。

"仕而优则学，学而优则仕"这句话，2000多年来多数时候被多数人错读，新文化运动以来，又被政治家们攻击为孔子儒家"读书做官论"的思想源头。时至今日，有多少人能读懂这两句话的含义呢？

---

①优：优裕，充裕。

## 19.14 丧致乎哀

> 子游曰:"丧致①乎哀而止。"

子游说:"丧事做到充分表现哀情也就可以了。"

丧事能够极尽哀情就可以适可而止,形式太过就是做作,悲情太重会伤身,在儒家看来也是不孝。此外,孔子认为丧事应该充分表达情感,不宜过分讲究排场,与其奢毋宁俭,毋宁戚也。儒家对于丧事追求的是中庸即适中和适度。现实中,极尽奢华的葬礼,往往是暴发户心态或者自卑心理作怪,无非是借此炫耀自己的财富,炫耀自己的资源,炫耀自己的能耐。人们对逝者的尊敬,根本就不在于其丧礼的规格,而在于其德行、贡献、思想在人们心中的征服力、影响力、感染力、感召力、凝聚力。

①致:极致、竭尽。

## 19.15　难能可贵

> 子游曰:"吾友张也为难能也,然而未仁。"

子游说:"我的朋友子张难能可贵,然而还没有做到仁。"

孔子去世之后,儒门分为很多派别,子张是其中重要的一脉。子游对子张的评价,属于儒门内部的坦诚相对。他为什么认为子张没有达到"仁"的境界呢?孔子说子张"过犹不及",这也是儒门内部一派的意见。儒家主张学术自由,由此可见端倪。可惜,孔子儒家开创的这种传统,汉代以后就"失传"了。恢复和发展学术自由的传统,是中国学术界未来最重要的使命和难题,也是中国高等教育形成后发优势的契机!

## 19.16　表里如一

> 曾子曰:"堂堂乎张也,难与并为仁矣。"

曾子说:"子张外表堂堂,但是并不能说明其内心仁厚。"

看到这几章,好像是孔门开学术研讨会,子游发表意见之后,曾子也接着发表意见说:"子张仪表堂堂,潇洒倜傥,但是相貌堂堂并不能与内心仁厚画等号。"有一种翻译为:"子张外表堂堂,别人并不能与他一起达到仁的境界。"这种解释很苍白。先秦儒家发现了人"性相近,习相远"的发展奥秘,甚至认为:"人皆可以为尧舜。"怎么能因为子张外表堂堂,就判断他能或不能达到仁的境界呢?

## 19.17 率性自致

> 曾子曰:"吾闻诸夫子,人未有自致者也,必也亲丧乎。"

曾子说:"我听老师说过,人不可能自动把感情表露到极致,如果有,一定是在至亲挚友死亡的时候。"

儒家虽然强调哀而不伤,但是更强调真诚,反对虚伪,反对做作,反对矫情。就如悲痛哀伤之情,只有至亲或挚友死亡,才会率性号啕大哭。这里的"亲丧"的"亲",包括至亲和亲近的人,如至交、好友、知己等,孔子对颜渊之死就"哭之恸"。

## 19.18　无为而为

> 曾子曰:"吾闻诸夫子,孟庄子①之孝也,其他可能也;其不改父之臣与父之政,是难能也。"

曾子说:"我曾听老师说过,孟庄子的孝,其他人也可以做到;但他不更换父亲的旧臣和父亲的政策,别人难以做到。"

曾子所说与孔子"三年无改于父之道"的思想一致,能够不更换父亲的旧臣和好的政策,符合孝道。"不改父之臣与父之政",不仅符合孝道,更重要的是符合人道和天道。如果"父之臣"优秀,没有必要改;"父之政"清明,不可轻易改。

一代名相萧何去世前向汉惠帝推荐曹参接任相位。曹参接任相位后,一不报告政务,二不发表政见,三不发布新政。汉惠帝实在忍无可忍,就问曹参为何如此。曹参问汉惠帝:"陛下与高祖谁更具有雄才大略?"惠帝说:"我不如高祖。"曹参又问:"我与萧何谁更贤能?"惠帝说:"好像你不如萧何!"曹参说:"那就对了。现在所有政策都运行良好,我们无须为更改而劳民伤财。"这既符合孝道,也符合"无为而治"的治道,更符合以百姓利益为重的"人道"和"天道"。

此章尤其值得"新官上任三把火"者为戒!

---

①孟庄子:鲁国大夫孟孙速。

## 19.19　悲天悯人

> 孟氏使阳肤①为士师,问于曾子。曾子曰:"上失其道,民散久矣。如得其情,则哀矜②而勿喜。"

孟氏任命阳肤做典狱官,阳肤向曾子请教。曾子说:"在上位的人离开了正道,百姓早就离心离德了。你如果能审出罪犯的情况,就应当怜悯他们,而不要自鸣得意。"

孟孙氏任命阳肤为法官,阳肤向宅心仁厚的孔门大贤曾子请教。曾子的回答对当今法律界依然有积极意义。一是要认清社会大势,上位者不仁、不义、无信、无道,导致百姓离心离德,天下乱象丛生,责任在上不在下,在官不在民。二是民众有违法行为,是上位者教化不到位,应负主要责任,对犯罪百姓要有怜悯之心。三是案子审得再成功,也不值得庆幸,因为儒家追求的是不通过司法解决问题,"听讼,吾犹人也,必也使无讼乎"才是儒家追求的境界。严刑峻法是不幸甚至是灭亡之兆。后世历史发展,证明了孔子观点正确,严刑峻法会导致伦理丧尽,会导致仁心和民心丧尽,也必然会导致政权的灭亡。比如秦朝亡于严刑峻法,武则天开创的大周几乎亡于严刑峻法,明朝也亡于严刑峻法……不胜枚举!

---

①阳肤:曾子的学生。②矜:怜悯。

## 19.20　君子恶居

> 子贡曰:"纣①之不善,不如是之甚也。是以君子恶居下流②,天下之恶皆归焉。"

子贡说:"纣王的不善,不像传说中的那样过分。所以君子憎恶处在不利的地位,是因为天下一切坏名声都归到自己身上。"

子贡敢于为商纣王说几句公道话,原始儒家这种实事求是的精神和客观公正的态度,非常可贵。商纣王因为残暴,所以在历史辗转传述时,往往被人添油加醋,把天下的恶名扣在他的头上。世俗对于成功者,往往锦上添花,极尽赞美,仿佛其从小就是圣人的根苗,忽视了圣人也是由凡人锤炼出来的,伟人也是从普通人磨炼出来的;对于失败者,往往不是雪中送炭,而是落井下石,极尽污蔑,恨不得把所有的脏水泼在他身上,似乎他从小就是个坏种,忽视了坏的品德也不是天生的,而是集小错为大错、集小过而成大过、积不善而成大恶。古人写历史,有反向夸张的习惯,写恶人不言其善,写善人不言其恶。尊重历史,尊重事实,是史学研究者应有的态度,也是做人的基本法则。

---

①纣:商代最后一个君主,名辛,纣是其谥号。②下流:即地形低洼、各处来水汇集的地方,引申为不利的地方。

## 19.21 过如日月

> 子贡曰:"君子之过也,如日月之食焉。过也,人皆见之;更也,人皆仰之。"

子贡说:"君子的过错好比日食月食,君子犯了过错,人们都看得见;他改正过错,人们都仰望着他。"

儒家提倡光明磊落的处世态度,提倡实事求是的科学精神。执政者如果不怕批评,可以成就千秋伟业。唐朝之所以强大,得益于唐太宗李世民虚心纳谏。著名谏臣魏徵去世后,唐太宗恸哭道:"以铜为鉴,可以正衣冠;以古为鉴,可以知兴替;以人为鉴,可以明得失。今魏徵殂逝,遂亡一鉴矣。"因为唐太宗以人为鉴,避免了很多严重失误,保证了唐王朝行政运作的高效率。

为教者不怕批评,可以赢得进步。教师要有面对错误的勇气,尤其是应不定期请学生、家长、同行提出批评意见和改进建议,这可以让教师尽快成熟起来。为人父母者不怕批评,欲家族兴旺,也不妨听听儿女们的意见和建议,改正自己或许几十年都改不了的毛病,善莫大焉!

## 19.22　文化传承

> 卫公孙朝①问于子贡曰:"仲尼焉学?"子贡曰:"文武之道,未坠于地,在人。贤者识其大者,不贤者识其小者,莫不有文武之道焉。夫子焉不学?而亦何常师之有?"

卫国的公孙朝问子贡说:"仲尼的学问是从哪里学来的?"子贡说:"周文王、周武王的道,并没有失传,还散存于人们中间。贤能的人可以识别它的根本,不贤的人只了解它的末节,没有什么地方无文王武王之道。我的老师何处不在学习?又何必要有确定的老师传授呢?"

唐代韩愈在《师说》中说的"圣人无常师",就是专指孔子并没有固定的老师。孔子对中国的伟大贡献一在于教育,二在于文化传承。归结起来,孔子的学问来自三个方向。第一个来源是对周代政治、历史、文化、礼治的实践总结和归纳,提炼出儒家的政治主张、核心价值、伦理精神,形成了在实践基础上的儒家思想体系。第二个来源是对古代文化典籍的整理,比如编撰《诗经》、解读《周易》等,从中获得重要的思想,补充到儒家思想体系中来。第三个来源是向包括老子在内的人请教求学所得。如果不是孔子编《诗经》、订《尚书》、著《春秋》、整理《礼》《乐经》、解读《周易》,人们对孔子之前的历史的认识几乎是空白。

---

①卫公孙朝:卫国的大夫公孙朝。

## 19.23　夫子如海

> 叔孙武叔①语大夫于朝曰："子贡贤于仲尼。"
> 子服景伯以告子贡。
> 子贡曰："譬之宫墙②，赐之墙也及肩，窥见室家之好。夫子之墙数仞，不得其门而入，不见宗庙之美，百官③之富。得其门者或寡矣。夫子之云，不亦宜乎！"

<u>叔孙武叔在朝廷上对大夫们说："子贡比仲尼还要贤明。"</u>
<u>子服景伯把这一番话告诉了子贡。</u>
<u>子贡说："如果拿房屋的围墙做比喻，我的围墙只有齐肩高，在墙外可以看到房屋的美好；老师的围墙却有几仞高，若找不到门进去，就看不见里面宗庙的富丽堂皇和房屋的绚丽多彩。能够找到门进去的人并不多。那么，叔孙武叔这么认为，不也是自然的吗？"</u>

　　子贡讲的并不是溢美之词，孔门弟子并无超越孔子的，就是在之后近2500年的历史长河中，也一直没有人能够超越孔子。比如，作为一名杰出的语文教师，他编辑整理了《诗经》，使读之者"迩之事父，远之事君"，古今以来，谁能编出第二部这样的教材？谁能行诗教达到"不学《诗》，

---

①叔孙武叔：鲁国大夫，名州仇，三桓之一。②宫墙：围墙。③官：在这里是指本意房舍。

无以言"的境界？作为一名杰出的政治教师，他整理选编《尚书》，并讲授《尚书》，古今有哪位政治教师能够超越？作为一名杰出的历史教师，他依据鲁国的历史编纂《春秋》，建立伦理价值标准，而乱臣贼子惧，古今有哪位历史教师能够超越？作为一名哲学教师，他对上古哲学经典著作《周易》做了权威解释和解读，否则今人无法读懂《周易》，古今有哪位哲学教师能够超越？作为一名杰出的音乐教师，他不仅编写了《乐经》，还把《诗经》中的305篇"皆弦歌之"，古今有哪位音乐教师能够超越？如此种种，不一而足。

孔子以其知识之渊博、学养之深厚、才艺之多能、道德之高尚、思想之前瞻，成为中国文化史上的伟人和教育史上的巨人。孔子常常在各种世界文化名人评选中排名第一，绝非偶然。孔子堪当百世师，今天依然是每个教育者心中的丰碑和标杆！能接近或超越他的境界的人，自然会成为当代伟大的教育家！

## 19.24 仲尼日月

> 叔孙武叔毁仲尼。子贡曰:"无以为也!仲尼不可毁也。他人之贤者,丘陵也,犹可逾也;仲尼,日月也,无得而逾焉。人虽欲自绝,其何伤于日月乎?多①见其不知量也。"

叔孙武叔诋毁仲尼。子贡说:"这样做没有用!仲尼不可诋毁。别人的贤德好比丘陵,还可超越;仲尼的贤德,好比日月,没有办法超越。虽然有人要攻击日月,可那对日月有什么损伤呢?只是表明他不自量力而已。"

说仲尼如日月,并不过分。孔子不仅在文化典籍整理与文化传承方面做出了突出贡献,而且创建了儒学以"仁"为核心的儒家价值体系、伦理体系、道德体系。孔子开平民教育先河、开民办教育先河、开素质教育先河、开有教无类先河、开因材施教先河、开教学相长先河等,奠定了孔子在人类教育史上最伟大教育家的地位;孔子开学术独立的先河,在中国历史上第一次让学术获得了相对独立的空间和发展机会,摆脱了对体制的依赖,建构了一种非功利性的伦理学说、价值学说、政治学说、教育学说,开创了空前绝后的孔子儒学,像恒星一样照耀国人前行。以孔子和《论

---

① 多:副词,只是。

语》为基础的原始儒家思想，是中国文化的主流和主线，是中华文明的标志性基因。每当中国人面临无法解决的社会难题时，我们无一例外地深情回顾孔子儒学，对标孔子儒学，矫正偏差，端正方向，开始新的一轮文化创新，从而让中华文明生生不息、永葆青春！

**感悟**

01

02

03

## 19.25 高山仰止

> 陈子禽谓子贡曰:"子为恭也,仲尼岂贤于子乎?"子贡曰:"君子一言以为知,一言以为不知,言不可不慎也。夫子之不可及也,犹天之不可阶而升也。夫子之得邦家者,所谓立之斯立,道之斯行,绥之斯来,动之斯和。其生也荣,其死也哀,如之何其可及也?"

陈子禽对子贡说:"你对仲尼过于谦恭了,仲尼怎么能比你更贤良呢?"子贡说:"君子一句话可以看出其智慧,一句话也可以表现其不智,所以说话不可不慎重。夫子高不可及,正像天不能够顺着台阶爬上去一样。夫子如果得国而为诸侯,或得采邑而为卿大夫,那就会像人们说的那样,教百姓立于礼,百姓就会立于礼;引导百姓,百姓就跟着走;安抚百姓,百姓就归顺;动员百姓,百姓就齐心协力。夫子活着备受尊重,死了也极尽哀荣,我怎么能赶得上他呢?"

孔子的政治学说和行政路径具有指导借鉴意义,后世儒者如韩愈、柳宗元、范仲淹等,凡是按照儒学的思想去治理地方,均能立竿见影,所以子贡评价孔子,绝非溢美。孔子的文化贡献在于使中国从蛮荒走向文明,其所整理的典籍属于中国文化的元典;其所开创的儒家价值体系、伦理体系、哲学体系,引领中国行走了2500多年,形成了独立的中华文明,至今仍在继续滋养中国前行。无怪乎司马迁在《史记》中高度评价孔子:"孔子布衣,传十余世,学者宗之。自天子王侯,中国言六艺者,折中于夫子,可谓至圣矣。"

感悟

01

02

03

04

05

06

07

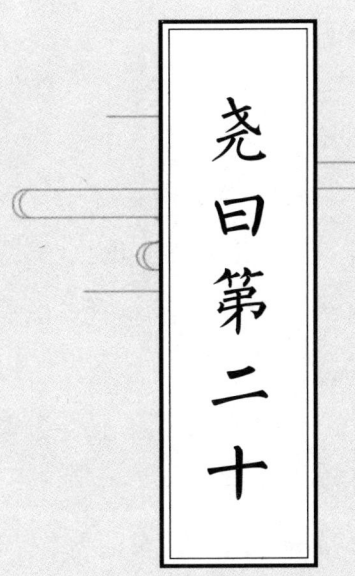

# 尧曰第二十

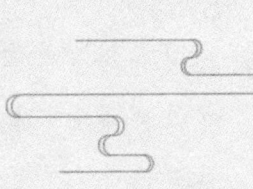
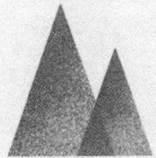

## 20.1　允执其中

尧曰①："咨②！尔舜！天之历数在尔躬，允③执其中。四海困穷，天禄永终。"

舜亦以命禹。

曰："予小子履④，敢用玄牡⑤，敢昭告于皇皇后帝：有罪不敢赦。帝臣不蔽，简⑥在帝心。朕⑦躬有罪，无以万方；万方有罪，罪在朕躬。"

周有大赉⑧，善人是富。"虽有周亲⑨，不如仁人。百姓有过，在予一人。"

谨权量⑩，审法度⑪，修废官，四方之政行焉。兴灭国，继绝世，举逸民，天下之民归心焉。

所重：民、食、丧、祭。宽则得众，信则民任焉，敏则有功，公则说。

尧（让位给舜的时候）说："啧啧！舜呀！上天的重托就落在你身上了。公允地保持中庸之道吧。假如天下百姓陷于贫困，上天给你的禄位也就会永远终止。"

---

①尧曰：后面是尧禅让帝位时对舜说的话。②咨：相当于"啧啧"，感叹词，表赞誉。③允：真诚，公允。④履：商汤的名字。⑤牡：公牛。⑥简：知道。⑦朕：我。从秦始皇起，专用作帝王自称。⑧赉（lài）：赏赐。⑨周亲：至亲。⑩权量：指量容积的标准。权，秤锤，指量轻重的标准。量，斗斛。⑪法度：指量长度的标准。

舜（禅让的时候）也这样告诫过禹。

（商汤）说："我小子履，谨用黑色的公牛来祭祀，恭敬庄重地向天帝祷告：如果有罪，不敢求赦免，天帝的臣仆我不敢掩蔽，因为天帝心如明镜。我若有罪，不要牵连百姓，百姓若有罪，由我承担。"

周武王大封诸侯，使善人都富贵起来，他说："我虽有至亲，但不如有仁德之人。百姓有过错，责任都在我。"

认真整顿度量衡器，周密地制定法度，重新修整废弃的官制，天下政令就会畅通。恢复被灭亡的国家，接续已经断绝的家族，提拔被遗落的人才，百姓就真心归服了。

所重视的四件事：人民、粮食、丧礼、祭祀。

宽厚就能得到众人拥护，诚信就能得到人民的信任拥护，勤敏就能取得成绩，公平公正百姓就快乐幸福。

本章记述了尧、舜、禹、汤、周五位圣王的遗训，集中阐述了儒家政治伦理追求，思想深刻，价值重大，影响深远。时至今日，仍不过时。儒家政治伦理的价值取向如下：

一、敬天。尧舜时代，帝王敬天，因为对上天心存敬畏，所以能够保持"中道"，能够"如临深渊，如履薄冰"地善待人民。宗教般的虔诚敬畏，让帝王自我约束，使帝王保留了底线并爱护人民。儒家努力传承这种敬畏，并养成了儒家悲天悯人的情怀。现实社会，宗教日益功利化，很多人不在乎是否上天堂，也不忌惮是否会下地狱，所以，才出现无价值、无信仰、无底线、无廉耻的诸多乱象。

二、爱民。"朕躬有罪，无以万方；万方有罪，罪在朕躬。"何其高尚的境界啊！如果我自身有罪，不要牵连百姓；如果百姓有错，责任在我。这种归因风格，坚持下来，就是民主精神。以民为本，民生为重，体现在统治者的认知方式和担当精神。既然罪在自己，帝王可以下罪己诏，臣子可以主动请辞。这种归因风格如果进入官场文化，甚至形成官场价值标准，中国现代社会形态应该是另一番景象。

三、仁政。如何施行仁政？一是任人唯贤——周武王认为，用亲戚不如用仁人，上古时代，如此境界，难能可贵。二是政令畅通——统一度量衡，统一法律，政令就会畅通。三是凝聚人心——政治清明不是取决于官僚的自我感觉，而是取决于民心向背，百姓对政府和政党的信任是仁政的重要标志。四是保障民生——民、食、丧、祭。人民的安康和幸福是第一要务；粮食富足与安全是第二要务；对死者的尊重和丧礼的重视，让民众懂得死亡是生命的过程而不是终结，引导人民珍惜今生也珍惜永生，是第三要务；以健康的宗教，养成敬天爱人的品德是第四要务。五是坚持原则——政治宽厚得到民众拥护。政府讲诚信就能得到民众信任，官僚勤政就能有成效，公平公正则百姓幸福。

数千年先哲的智慧实乃文化轴心时代的思想精华，不因岁月流逝而褪色，不因朝代兴替而变质。敬天、爱民、仁政的伦理永远不过时！

## 20.2　子张问政

子张问于孔子曰:"何如斯可以从政矣?"

子曰:"尊五美,屏四恶,斯可以从政矣。"

子张曰:"何谓五美?"

子曰:"君子惠而不费,劳而不怨,欲而不贪,泰而不骄,威而不猛。"

子张曰:"何谓惠而不费?"

子曰:"因民之所利而利之,斯不亦惠而不费乎?择可劳而劳之,又谁怨?欲仁而得仁,又焉贪?君子无众寡,无小大,无敢慢,斯不亦泰而不骄乎?君子正其衣冠,尊其瞻视,俨然人望而畏之,斯不亦威而不猛乎?"

子张曰:"何谓四恶?"

子曰:"不教而杀谓之虐;不戒视成谓之暴;慢令致期谓之贼;犹之与人也,出纳之吝谓之有司。"

子张问孔子:"怎样处理政事呢?"

孔子说:"尊重五种美德,排除四种恶政,这样处理政事就可以。"

子张问:"五种美德是什么?"

孔子说:"君子给百姓以恩惠而无损其他;使百姓出力而不心生怨恨;追求仁德而不贪图财利;庄重而不傲慢;威严而不凶猛。"

子张问:"怎样才算给百姓以恩惠而无损其他呢?"

孔子说:"顺着百姓应该得利的方向做有利于百姓的事,这不就是惠而不费吗?选择百姓想做的事情让他们去做,又有谁会怨恨呢?君子追求仁便得到仁,怎么会贪呢?君子对人无多少、无小大、无快慢之别,这不就是庄重而不傲慢吗?君子衣冠整齐,目不斜视,使人望见了心生敬畏,这不是威严而不凶猛吗?"

子张问:"什么叫四种恶政呢?"

孔子说:"不经教化便轻易杀戮叫作虐;不加告诫和指导便苛求成绩叫暴;不加提醒而突然限期叫贼;给人财物却出手吝啬,叫小气。"

本章系统阐述了孔子为政的基本方法。一是出政策,惠而不费;二是使民以时而民无怨;三是求仁得仁,没有别的值得贪恋;四是无论对何种人都能庄重而不傲慢;五是衣冠整齐,不怒而威。能做到这五点的人,实在是个好官。孔子列举了恶政四种:不用道德教化,而滥用死刑,叫作虐;不劝解指导百姓而苛求成功,叫作暴;过程中不提醒,突然宣布到期限叫作贼;与人财物,出手吝啬,叫作小气。这正是为政者应当注意的问题。孔子的这五点要求时至今日丝毫没有过时,这四点对于恶政的批评时至今日依然直指要害;由此可以看出儒家学说的永恒价值。

## 20.3　君子知命

> 孔子曰："不知命，无以为君子也；不知礼，无以立也；不知言，无以知人也。"

孔子说："不知道天命，不能做君子；不知道礼仪，不能立足于社会；不能理解别人的言语，不能做到有识人之明。"

文章的精神全在于结束。本章作为《论语》的结束语，体现了孔子开创的儒家学说的根本追求：儒学是人学，不是神学，儒学最终回归到如何做人，如何做君子上。为何没有把圣人列入呢？因为孔子认为"圣人吾不得而见之矣，得见君子者斯可矣"，现实生活中每个人都有追求做圣人的理想和权利，但是最终能做君子已经十分成功了。君子最重要的支撑点是什么呢？儒家弟子们以会议纪要的形式得出的结论是：

### 一、君子必须知"天命"

首先，"天命"在于"自强不息"。孔子"知其不可而为之"，就是知天命。凡夫俗子，以学养心，以学养身，修己而安人，推恩足以保四海，教化而改变社会，就是君子所为。数千年来，很多人认为孔子"知其不可而为之"是迂腐，其实正好相反，他是承"天命"而传承民族文化精神，不因为诸侯不认同就放弃，不能在体制内推广，就通过民办教育的形式实现伦理、价值、哲学思想的传承和推广。时至今日，中国之为中国，中国人之为中国人，中华文明之为中华文明，不是因为黄皮肤，不是因为黄土地，不是因为长江、黄河，而是因为有《论语》，有孔子儒学，有薪火相传、生生不息的儒家文化。

其次，"天命"在于"厚德载物"。"德润身""德不孤，必有邻"，修德而担当使命，修德而承载责任，修德而包容一切，厚德载物的核心是使人内心仁厚，能够包容，勇于担当，敢于承担起团队的、社会的、国家的、历史的责任。

再次，儒家的"天命"在于"终极关怀"。这是非常重要的内涵。是指有给予宇宙以道德终极关怀的情怀和担当，敬天爱民、民胞物与、天人合一，都是天命的范畴。

### 二、君子必须"知礼"

首先，礼是中庸。"礼之用，和为贵"，和是存同贵异，是对人性的尊重，是对生命主体的尊重。"君使臣以礼，臣事君以忠"，即便是君臣之间，也必须相互尊重，何况集团与集团之间、人与人之间呢？

其次，礼是规范。为何先讲"礼是中庸"，再说"礼是规范"？中庸是礼的出发点，是礼追求的目标，所以是首要；其次才是如何尊重，这就是规范。数千年文明古国之民，在很多国际场合表现出让人不可思议的"不文明"，值得反省。深究其原因，在于我们丢失了传统，丢失了礼的精神、礼的追求、礼的规范。礼是文化的认同，是柔性的规范，是无言的约束，是无须提醒的自觉。

### 三、君子必须"知言"

首先，必须加强语言修养。"不学《诗》，无以言""言之无文，行而不远",是对君子的要求,也是君子的自我要求。中国共产党与国民党的政权之争,如果做一个解构,中国共产党的显著优势之一是"语言"优势,是宣传优势,表现在领袖层级的比较,毛泽东是语言大师、文学大师,蒋介石相形见绌,逊色太多。"修辞立诚"足以说明加强文学修养、语言修养的重要性和必要性;因为人凭借"语言"的优势,能够准确表达自己的思想,能够前瞻表达自己的理想,能够深刻表明自己的信仰。这些都是看不见的力量。

君子处身立世,言语不可不慎。当自己的言语可以成为法律或者命令的时候,就更要慎言。一家之主,一言可以兴家,一言可以丧家;企业之主,一言可以振兴企业,一言可以毁掉企业;对国家元首而言,一言可以兴邦,一言可以丧邦。

其次,君子还应当能够明察别人的言语。《诗经·国风》是周朝采诗制度的产物,而采诗制度能帮助统治者通过百姓之言,了解政治缺陷、社会现状、黎民疾苦。孔子以"听其言而观其行"的方式,了解弟子;君王以言语了解、选拔人才。言语的修养中,自然包含了思想修养、情感修养、态度修养、价值修养,以及没有脱离内容的言语修养。正因为如此,孔子认为"知言"是君子的重要特征。

## 感悟

01

02

03

04

05

06

07

# 参考书目

[1] 杨伯峻. 论语译注［M］. 北京：中华书局，1984.

[2] 钱穆. 论语新解［M］. 台北：东大图书公司，1988.

[3] 南怀瑾. 论语别裁［M］. 上海：复旦大学出版社，1990.

[4] 杨晓明. 四书五经［M］. 成都：巴蜀书社，1996.

[5] 吴龙辉. 孔子言行录［M］. 广州：广东教育出版社，1999.

[6] 李泽厚. 论语今读［M］. 北京：生活·读书·新知三联书店，2004.

[7] 傅佩荣. 傅佩荣解读论语［M］. 北京：线装书局，2006.

[8] 林觥顺. 论语我读［M］. 北京：九州出版社，2006.

[9] 张居正. 论语别裁［M］. 西安：陕西师范大学出版社，2007.

[10] 金纲. 论语鼓吹：圣贤的光荣与漏洞［M］. 天津：天津人民出版社，2007.

[11] 李零. 丧家狗：我读《论语》（修订版）［M］. 太原：山西人民出版社，2007.

[12] 钱逊. 《论语》读本［M］. 北京：中华书局，2007.

[13] 杨伯峻、刘殿爵. 论语（中英文对照）［M］. 北京：中华书局，2008.

[14] 李零. 去圣乃得真孔子：《论语》纵横读［M］. 北京：生活·读书·新知三联书店，2008.

[15] 朱熹. 四书章句集注 [M]. 长沙：岳麓书社，2006.

[16] 林戊荪. 论语新译 [M]. 北京：外文出版社，2009.

[17] 陈立夫. 四书道贯 [M]. 北京：中国友谊出版公司，1991.

[18] 贾庆超. 四书精华解读 [M]. 济南：齐鲁书社，2009.

[19] 周广宇. 《论语》品读 [M]. 北京：朝华出版社，2010.

[20] 缪向东. 有朋自远方来：《论语》解读 [M]. 北京：中国文联出版社，2010.

[21] 涩泽荣一. 日本人读《论语》：涩译荣——《论语》言习录 [M]. 北京：中国工人出版社，2010.

[22] 蒋伯潜. 语译广解四书读本：论语 [M]. 台北：商周出版社，2011.

[23] 高尚榘. 论语歧解辑录 [M]. 北京：中华书局，2011.

[24] 于健，赵昱. 漫画《论语》全译本 [M]. 北京：北京语言大学出版社，2011.

[25] 皆木和义. 稻盛和夫的论语 [M]. 海口：海南出版社，2011.

[26] 王国轩、王秀梅. 孔子家语 [M]. 北京：中华书局，2011.

[27] 傅佩荣. 论语之美 [M]. 长沙：湖南文艺出版社，2012.

[28] 韩鹏. 捍卫论语 [M]. 北京：中央广播电视大学出版社，2012.

[29] 陈平. 悦读论语 [M]. 北京：中央广播电视大学出版社，2012.

[30] 吴国珍. 《论语》最新英文全译全注本 [M]. 福州：福建教育出版社，2012.

[31] 辜鸿铭. 辜鸿铭讲论语 [M]. 北京：北京理工大学出版社，2013.

[32] 程树德. 论语集释 [M]. 北京：中华书局，2014.

# 伟大的传统必有深远的智慧
## ——论儒家文化的现代教育价值

### 一、民族复兴关键是文化复兴

历史长焦镜下,有必要重新评价传统文化尤其是儒家文化的价值。原生态儒家文化,是中华民族的命脉,是中华民族生生不息、自我更新、自我超越的强大精神原动力。

一个基本的事实证明,传统文化具有顽强的生命力和创造力。世界几大文明古国中,中国是唯一的5000年文明不间断、不灭亡、并且不断创造新辉煌的国家。自秦汉至1840年,中国的国民生产总值一直位于世界第一。中华文明生命力之顽强举世无双,发展力之强大举世无双,再生力之旺盛举世无双!支撑这种文明的传统文化必然是优秀文化,优秀传统文化精神是维系中华民族持续发展的动力。妄自菲薄,会导致文化虚无;文化认同,才有文化自信;文化自信,才有文化复兴;文化复兴,才有中华民族的伟大复兴。

两个文化复兴案例证明:文化不死,民族复兴可期。元、清两代以汉民族为主体的政权瓦解,但是文化尚存,于明代和民国得以恢复。犹太民族被灭国2000余年,二战结束后,犹太流浪者凭着口袋里、书本里、脑袋里、血脉里的文化,在寸草不生的沙漠重建了绿化水平最高、人均GDP最高、科技创新力最强、金融最发达的国家——以色列。文化是国家和民族的血脉和基因,没有文化认同、坚守、发展,就不会有国家和民族的持续发展。

两次文化割裂使国家和民族付出了沉重的代价。例如秦二世而亡——秦朝奋六世之余烈,统一天下,以为万世,嬴政自称始皇帝,结果15年二世而亡。假如统治者有一点原儒以人为本的精神,有一点原儒悲天悯人的情怀,陈胜、吴广不会揭竿而起,秦朝历史必然重新书写!

数次向国外学习的结果证明核心价值在优秀传统文化中。第一次是洋务运动,学习外国技术,结果是坚船利炮救不了中国。甲午海战失利,绝不是输在武器上,而是输在精神上。如果用西沙自卫反击战的精神去对付日本,甲午海战依然有很大的胜算;尤其后来陆地上较量的失败,我方军心的涣散和士气的崩溃占据了主因。第二次是以孙中山为代表的资产阶级革命,学习了西方政治,最终收获的却是腐败和专制。第三次是20世纪50年代,向苏联学习经验,然历史和事实已经证明,苏联模式不适合中国国情。

为什么?理由至少有三。其一,传统文化是土壤,土壤不同再好的种子都无法直接移植,移植了也无法生长,更不要期望长出新的品种。其二,传统文化属于根本,属于养心文化和养神文化,离开了根本仅仅学科学技术,不可能学到神形兼备。钱学森、李四光、吴健雄、杨振宁、李政道等经过传统文化浸润的学子,有知识分子的社会责任感和伦理情怀，他们在科学方面也同样出类拔萃。其三，传统文化融进了中国人的文化心理结构，成了文化基因，成为文化潜意识。就像中国菜一样，想丢丢不掉，丢掉了也会强烈反弹，超级想它！这是事实。

多次否定留下了大众文化的焦灼与浮躁。儒家文化与道家文化、法家文化、兵家文化、农家文化等构成了百花齐放的民族文化大观园。但是，儒家文化因为是伦理哲学，是价值体系，是信仰支撑，是人之为人的精神所在，必然成为中国传统文化的主线，是中华文明的主色调，而儒家文化中的人本主义价值取向，则是中国传统文化基因的核心密码。近200年来，为寻求救国救民真理，自觉或不自觉地对儒家文化做过五次否定：

第一次是洋务运动。怀疑式的否定，羞羞答答，遮遮掩掩，"中学为体，西学为用"目标未能实现。第二次是新文化运动。原本是一次启蒙运动，五四运动救亡图存冲淡了思想启蒙，导致人们尚未对传统文化做系统思考，就随着激进的狂飙，走向了对传统文化的全面否定。第三次是旧民主主义革命。试图以西方的普世价值完全取代中国传统的价值体系，是一次主动的失败尝试。而在新民主主义革命阶段，中国共产党人，提出了马克思主义的普遍真理必须与中国革命的具体实践相结合的主张，这是共产党人对优秀传统文化的一次惊天动地的自觉；这种自觉在军事领域也有所反映，那就是抛弃城市中心主义，选择农村包围城市的道路，抛弃堡垒对堡垒的阵地战，选择游击战和运动战相结合的方式，这是中国共产党人军事文化的自觉。第四次是无产阶级"文化大革命"。走的是文化虚无主义的线路，结果可想而知。

正是这数次否定，导致中华民族伦理体系的扭曲和价值体系的迷失，导致了金钱崇拜、权力崇拜等现象，导致了社会性的文化迷茫和心理浮躁。近几十年中国社会经济发展的速度和质量，对比西方各种思潮的泛滥与没落和社会经济的滞涨，使中国人意识到西方的世界观、方法论、价值体系并不能解决中国社会发展中出现的叠加矛盾和问题，一种潜意识的文化自觉成为历史的必然。

优秀传统文化及其精神，属于中华民族的命脉！民族复兴是文化而非物质的复兴。中国梦是文化复兴之梦！丧失文化记忆的人，必然无知。抹去文化记忆的民族，必然疯狂。伟大的传统必然有深远的智慧，中华民族的复兴之梦必须传承优秀传统文化！

## 二、儒家的根本在于人本、人道、人文

司马光说："盖儒者所争，尤在于名实，名实已明，而天下之理得矣。"大意为：儒者所争论的诸多问题中，最关键的是名与实的问题，名与实的问题思考清楚了，天下之真理就很容易掌握。传承儒家文化，必须先鉴别真儒学和伪儒学、真儒家和伪儒家、原生态儒家和所谓新儒家。

儒学史上有新儒家、旧儒家之分，有汉儒、宋儒、明儒，以及现代新儒家等诸多流派，但儒学本源却在先秦孔子、孟子、荀子，代表著作是《论语》《孟子》《荀子》。《论语》是源头，是根本，尤其重要。先秦儒家才是真儒家，先秦之后，几乎只有儒家学说的信奉者、传承者、研究者。先秦之后，儒家思想被严重异化，汉朝阴阳家董仲舒所异化的学说只能称之为"政学"（儒学历史上称之为"经学"），汉儒已经严重背离，甚至是践踏和抛弃了孔孟的人本情

怀、人道主义、人文精神，宋代的程颐、程颢、朱熹等的学说只能称为"理学"，宋代的陆象山（陆九渊）、明代的王阳明等构建的"心学"因为没有脱离"人本主义"的核心价值，算是对儒学的局部发展。先秦之后，儒家思想不断被解释、被解读、被解构、被曲解甚至被异化，鲜有创新和发展。儒学精神主要通过历代读书人以及读书人出身的官僚阶层的政治家薪火相传。传承儒学精神的代表人物有司马迁、韩愈、柳宗元、王安石、范仲淹、苏轼、王阳明、顾炎武等，载体除了原生态经典便是儒家思想传承者的诗歌、散文，以及他们的教育实践和政治活动。程颢、程颐、张载、朱熹、陆九渊等属于研究儒学的专家，并非真正意义上的儒家代表人物。20世纪新儒家三圣马一浮、熊十力、梁漱溟是儒家精神传承者，也是传承原生态儒家思想的重要人物，因为他们本着儒家实用理性，提出了"援西入儒"的重要主张。唐君毅、张君劢、牟宗三、钱穆、徐复观等人，均传承了儒家精神，也传承了"援西入儒"的主张，但这些人主要是儒学研究者。

儒家的四个标准：一是具备儒家思想——核心价值观（价值主导），儒家最本质、最核心的思想就是人本主义和民本思想，背离了这个核心就属于"伪儒学"的范畴；二是具有强烈的使命感和责任感——以天下为己任，具有积极入世的情怀；三是具有改变社会的能力——如韩愈、柳宗元、王安石、范仲淹、辛弃疾、王阳明等人"可以寄百里之命，可以托六尺之孤，临大节而不可夺"，均为儒家嫡传；四是以教为政的理想——即便不能直接改变社会，也要从教育着手，追求价值，实现理想！比如知识分子个体暂时无力从体制机制上解决社会矛盾的时候，不选择冷漠和堕落，而选择以教育改变人心，以教育改变命运，最终以教育改变社会，这就是儒家的情怀和作为!

儒家孔子、孟子、荀子,儒家著作《论语》《孟子》《荀子》与儒家研究者、儒家研究成果等构成了儒学。儒家、儒家思想、儒家著作、儒家研究者、儒家研究成果、儒家精神传承与创新、儒家精神的实践等诸要素,共同构成了中国儒家文化。鉴别儒家、儒学真伪的核心标准是:哲学是否以人为本,政治是否以民为本,教育是否以生为本。凡是背离原生态儒学人本、民本、生本思想的所谓新儒学,全都是对儒学的反叛,都是伪儒学,都是挂羊头卖狗肉。凡是背离人本、人道、人文精神的所谓儒家,都是伪儒家。

儒家思想的核心是三个字:仁、义、礼。仁,侧重于内心;义,侧重于责任;礼,侧重于规则。儒家文化,源远流长,熔铸到中国人的血液和基因里,成为中国人心理结构中标志性的内原精神。儒家文化体系博大、内容丰富、义理宏深、意境崇高、伦理纯厚、利他彻底、正气崇实,世所罕见。儒家文化养护着中国人的心灵,规范着中国人的举止,协调着中国人的关系,约束着从政者的行为,在中国历史上无论对个人还是对民族的生存发展,都起着主导作用。

三、儒家文化的教育本质论价值

教育的本质是什么?德国哲学家雅斯贝尔斯说:"教育的本质是精神的,而非物质的,是非物质诱惑下的教育,是灵魂的教育。"换言之:"教育是人的灵魂的教育,而非理智知识与认识的堆积。"又说:"教育的本质是认识生命的本质,提升生命的品质,追求生命的价值。"生命的本质是什么?是精神的,是灵魂的,而不是物质。

《中庸》说:"天命之谓性,率性之谓道,修道之谓教。"大意为：上天赋予人的是本性，尊重人的本性就是道，依照本性提升生命的品质就是教育。古今中外无数种关于教育的表述中，《中庸》的表述最精练、最准确、最科学！

中国现代教育症结在于：很多中小学已经变成知识积累的场所，很多大学已经变成了"放牧场"或者职业训练场。如果缺失了精神，缺失了信仰，缺失了价值，缺失了仁爱，缺失了诚信，被自闭症、抑郁症、孤独症等千奇百怪的心理疾病纠缠也就不足为怪了。这未必全是教育的责任，却是教育无法回避且必须面对的问题！面对精神缺失、灵魂缺失的教育，必须思考：我们拿什么养护中国人的灵魂？我们拿什么养护孩子的灵魂？从伦理学的角度，首选儒家文化，因为儒家文化是伦理文化、乐感文化、价值文化，是现代教育的精神资源。

从教育本质论的层面看，儒家文化资源分类如下：

（一）儒家文化为教育提供丰厚的民族精神资源。

中华文明数千年没有毁灭，且不断发展，不断创新，原因就是民族文化记忆被保存下来，民族精神被传承下来。民族精神是一个民族在长期的历史发展进程中积淀形成的，为全体民族成员所接受和认同，并成为民族进步和发展的价值导向和精神动力。中华民族精神集中表现为自强不息、厚德载物、天下为公、尚中贵和、博爱泛众、勤劳俭朴。这些是民族性格和共同价值观。

一是"自强不息"的精神。"自强不息"语出《周易·乾卦·象传》："天行健，君子以自强不息。"大意为：天道运行刚健，君子应学习天道而自强不息。孔子"发愤忘食，乐以忘忧，不知老之将至"的执着、孟子"苦其心志，劳其筋骨，饿其体肤"的态度都是自强不息的表现。这种精神是民族复兴所必需的，是实现中国梦所必需的，是每个中国人所必需的！

二是"厚德载物"的精神。"厚德载物"语出《周易·坤卦·象传》："地势坤，君子以厚德载物。" 大意为：大地博厚宽广，君子应如是容载万物。"仁"就是厚德载物，没有仁爱、包容、责任，人不可以为人；承载重大使命是载物，如果没有使命感和责任感，人不可以为人。亦可说成是"厚德载福"：齐桓公死于厨师之手，是因为失德；陈胜死于马夫之手，是因为失德。福德不足，德不高而位高，是十分危险的，仿佛高耸入云的危楼，随时可能倒塌！

三是"天下为公"的精神。"天下为公"语出《礼记·礼运》："大道之行也，天下为公。" 这是典型的尚公道德取向，也是典型的民族精神。贾谊的"国而忘家，公而忘私"，范仲淹的"先天下之忧而忧，后天下之乐而乐"，顾炎武的"天下兴亡，匹夫有责"，林则徐的"苟利国家生死以，岂因祸福避趋之"等都是"天下为公"。"天下为公"的民族精神完全契合社会主义核心价值观。

四是"尚中贵和"的精神。"尚中贵和"即崇尚中庸、以和为贵。"中庸"是大智慧，"和"是群生状态，史伯说："和实生物，同则不继。"孔子曰："攻乎异端，斯害也已。"学术包容到了如此程度。孔子向老子请教证明孔学不排他。"尚中贵和"是社会和谐的哲学基础，既"用其中于民"又"和而不同"，诚如是，则思想自由、学术自由。更重要的是，很多社会问题将迎刃而解：比如在企业高管年收入数千万元和普通员工年收入几万元之间求一个平衡点，劳资矛盾将根本缓和。在广厦千万间的开发商和"上无片瓦遮身，下无立锥之地"的城市平民中间寻求一个平衡点，社会矛盾尚可调和。

五是"博爱泛众"的精神。"博爱泛众"语出孔子"泛爱众，而亲仁""己所不欲，勿施于人"等。孟子则说："老吾老以及人之老，幼吾幼以及人之幼。""博爱泛众"已然成为中国共产党人"为人民服务"的伦理基础。由此可知，"博爱"并不是基督教的原创，而是中国传统文化固有的精神！

六是"勤劳俭朴"的精神。语出《尚书·大禹谟》："克勤于邦，克俭于家。"这是互文的修辞手法："无论国事家事，都应勤劳俭朴。"改革开放后，我们经历了40多年的高速发展，环境欠债颇多，"穷奢极欲"势必加大环境负担。"勤劳俭朴"应成为公民普遍认同的价值观，依靠穷奢极欲拉动世界经济的模式，无休止地索取地球资源，必然导致人类灭亡。

**（二）儒家文化蕴含丰厚的伦理精神资源。**

一是"家庭中心"的伦理基础。儒家父子有亲、君臣有义、夫妇有别、长幼有序、朋友有信的思想是中国传统伦理的基本范畴。"五伦"起源于家庭伦理。君臣是父子类比，朋友是兄弟推衍。子夏曾说："君子敬而无失，与人恭而有礼。四海之内，皆兄弟也。君子何患乎无兄弟也？""五伦"之中，孝文化处于核心基础地位。首先，孝文化维护了家庭和社会稳定。孔子曰："其为人也孝弟，而好犯上者，鲜矣；不好犯上，而好作乱者，未之有也。"其次，孝文化是民族文化传承的纽带。文人传承文化是世界文化传承共同的显性方式，中国除了显性方式外多了一个隐性方式——家庭成员的口耳相传。

二是"家国一体"的伦理价值取向。孟子曰："天下之本在国，国之本在家，家之本在身。"儒家主张社会道德与家庭道德相结合，主张在家做孝子，在外做忠臣。二战期间德国人39天打垮号称世界第一的法国陆军，日本侵略者在武器先进的绝对优势下却14年无法打垮中国军队。结论：忠孝伦理精神挽救了中国。

三是"天人合一"的伦理境界。人伦属于社会现象，但并不能脱离自然而独立存在。先哲们很早就关注人与自然。孔子说："钓而不纲，弋不射宿。"大意为：钓鱼时只用钓竿而不用网，用箭射但不射归巢的鸟。孟子继承了这种"推恩"原则，提出了"推恩足以保四海"的主张，发展到张载就成为民胞物与的生态情怀。天人合一是中国传统伦理长期追求的处理人与天、人与自然、人与神的关系的理想境界；是中国士人给宇宙以终极关怀的崇高智慧。这正是当今世界最稀缺的精神资源。

### 四、儒家文化的教育主体论价值

原生态儒家以生为本的教育理念源于民本思想。孔子是人本主义哲学家、民本主义政治家和生本主义教育家。

#### （一）以生为本的教育理念

首先，儒家以人为本。"厩焚。子退朝，曰：'伤人乎？'不问马。"奴隶主把人当牲口，孔子把奴隶当人。面对殉葬恶习，孔子痛骂："始作俑者，其无后乎？"对人权维护何其坚定，何其坚决，何其执着。发展到孟子是："君之视臣如手足，则臣视君如腹心；君之视臣如犬马，则臣视君如国人；君之视臣如土芥，则臣视君如寇雠。""民为贵，社稷次之，君为轻。"荀子则说："水则载舟，水则覆舟。"儒家这种人本政治理念，是中国儒家人文精神的核心，也是整个传统文化人文精神的核心！

其次，儒家以教为政。古希腊哲学家亚里士多德说："人是天生的政治动物。"教育本身就是政治，这是历史，也是传统。"以教为政"由孔子首创。"或谓孔子曰:'子奚不为政?'子曰:'《书》云:"孝乎惟孝,友于兄弟,施于有政。"是亦为政,奚其为为政?'"教化民众,本身就是政治,而且是最基础、最重要的政治。儒家以民为本,表现在教育主体上就是"以生为本"。孔门师生关系之融洽、思想之自由、教学之民主,世所称道。举一个典型的例子,《论语》记载:"子见南子,子路不说。夫子矢之曰:'予所否者,天厌之!天厌之!'"师生之平等以至于学生有权质疑老师的言行,有权要求老师解释和承诺。若不是"以生为本",孔子怎么会浩叹:"后生可畏,焉知来者之不如今也?"孔子怎么会因为颜回殒命而"哭之恸",怎么会闻子路被剁成肉酱而从此再也不吃肉酱呢?

### (二)有教无类的教育情怀

有教无类是以生为本的情怀。儒家以民为本,以教为政,化民成俗,所以其教育必然以生为本。孔子开平民教育先河,第一个将教育从宫廷转移到民间。通过教育改变平民命运,通过教育给予平民发展权,何其伟大!因为有教无类,所以孔门弟子既有富甲一方的子贡,有贵族子弟孟懿子、南宫敬叔,有"在陋巷,人不堪其忧"的颜回,还有"朽木不可雕"的宰我!

现实中国教育"有教有类":宏观来看,地域教育文化、投入、软件、硬件差异有着天壤之别;中观来看,学校之间师资、科研、设备、设施差距悬殊;微观来看,在老师的教育教学行为中,关注高分的学生多、关注低分的学生少,关注富贵子弟多、关注贫困子弟少,爱好学生多、爱差学生少……可怕的是,这些差距依然遵循"马太效应"继续扩大。更可怕的是,阶层固化,因为教育不公平,弱者、贫者的上升通道更加狭窄!教育不再成为社会公平的助推剂,反而成为社会不公平的催化剂!

实现儒家所倡导的"有教无类",值得期待:

一是教育经费由中央本级财政统筹解决。富裕省份自己解决,经济落后省份由中央财政转移支付。有人笑我痴人说梦,其实不然。军费已经由中央本级财政解决,我相信总有一天义务教育的经费可以由中央财政统筹解决。诚如是,则教师成为中国最受尊敬、也最受欢迎的职业之一!诚如是,中国教育的地区差距可以大大缩小!诚如是,留守儿童的难题迎刃而解!诚如是,进城务工人员子女入学不再艰难!诚如是,中国不再有失学儿童,不再需要靠富人施舍来解决贫困儿童入学问题!诚如是,国人发展起点公平、机会公平、过程公平。

二是取消基础教育等级招生机制,建立教育投入绩效机制。取消人为地将学校分为三六九等、招生批次人为分等、学校差距人为拉大,以行政干预和政策倾斜的方式制造所谓名校的现有机制。鼓励校长各显神通,鼓励学校办出特色。同时,要有限制教育过度投入的法律,并制定教育投入绩效考核机制。当投入的绩效为零时,就要停止投入、严禁投入,过量投入就是违法。

三是建立教师退出机制。中国公办学校教师属于固化阶层,有进入机制而没有退出机制,导致教师队伍庸者、劣者不能有效淘汰。不解开这个死结,教育改革发展将困难重重。

(三)终身学习的教育思想

孔子是终身学习思想的首创者。子曰:"吾十有五而志于学,三十而立,四十而不惑,五十而知天命,六十而耳顺,七十而从心所欲,不逾矩。"15岁立志求道,30岁形成独立人格,40岁不再迷惑,50岁认同自己的命运(以教育改变社会),60岁能容纳各种批评,70

岁做什么都不背离道,这是终身学习的人生。自古而今,孔门弟子无一不是终生求道、终身学习者,若非以生为本,何来如此教育效果!

### (四)自由讨论的教育模式

自由讨论模式建立在人格平等基础上,老师不摆架子,学生畅所欲言。孔子曾经与子路、曾皙、冉有、公西华等人坐在一起"聊天",要求大家"各言尔志"。子路抢先发言:"千乘之国,摄乎大国之间,加之以师旅,因之以饥馑,由也为之,比及三年,可使有勇,且知方也。"冉有回答:"方六七十,如五六十,求也为之,比及三年,可使足民。如其礼乐,以俟君子。"公西华说:"非曰能之,愿学焉,宗庙之事,如会同,端章甫,愿为小相焉。"曾皙回答:"莫春者,春服既成,冠者五六人,童子六七人,浴乎沂,风乎舞雩,咏而归。"听了4位弟子的志向,孔子除了对一向不谦虚的子路"哂之"外,喟然而叹曰:"吾与点也!"这段对话体现了民主教学的理念,师生共同无拘无束地谈论志向,孔子并不一一点评,而是有所保留,充分尊重个性,除了表示自己的志向与曾皙一致外,并没有说谁的志向合理或不合理。这比当今标准答案的制式化教育显然不知道要高明多少。假如不是以生为本的自由、民主、宽松,很难想象我们民族今天能有《论语》这部旷世奇作。我们从2000多年前的孔子教学行为中,看到今天的欧美课堂!

## 五、儒家文化的教育方法论价值

### (一)全面发展的课程建构

孔子编纂修订的《诗经》《尚书》《周易》《礼记》《春秋》《乐经》等是中国最早成体系的教材。孔子编《诗经》的原因是其

"可以兴,可以观,可以群,可以怨。迩之事父,远之事君",这部教材涵盖了爱情教育、伦理教育、爱国教育、诚信教育、生命教育等丰富的内容。孔子十分重视美育,史书记载孔子编纂了一部《乐经》,曲谱散佚,今人无法领略其艺术魅力。编纂《春秋》的目的在于让学生明大义,是历史教育,是政治教育,也是价值观教育。易者,变也,孔子编撰修订《周易》的目的在于哲学教育。此外,从孔子的礼、乐、射、御、书、数的六艺来看,孔子的课程体系中,不仅有政治、历史、文学、音乐、舞蹈、美术,还有军事和数学。其课程结构为学生提供全面发展的平台,却尊重个性多元发展,在孔子的教育实践中根本找不到应试教育的痕迹。确实值得今人学习!

### (二)因材施教的科学方法

孔子首创"因材施教"。孟懿子、孟武伯、子游、子夏4个人问的都是"孝",孔子给出的4种答案却大相径庭。因为孔子非常了解这4个弟子的道德修为、境界、处境、性情、性格差异。孟懿子不懂孝道,时常"违礼",所以孔子告诉他"孝"就是"无违";孟武伯不懂孝道,时常使父母担忧,孔子告诉他"父母唯其疾之忧";子游不懂孝道,不敬重父母,孔子告诉他"至于犬马,皆能有养,不敬何以别乎";子夏不能对父母和颜悦色,孔子告诉他"色难。有事弟子服其劳,有酒食先生馔,曾是以为孝乎"。对症下药,因材施教。

现实的中国教育却丢失了因材施教的方法。根据人才分布常态,3‰的人是天才,3%是英才。自恢复高考以来,我国平均每年有数百万考生,40多年过去了,教育培养的天才何在?英才何在?大师何在?从方法论层面找原因,是中国教育丢失了因材施教的方法。教育贵在尊重差异,学校贵有特色,教师贵有风格,学生贵有个性,教法贵在因材施教。可是中国教育从小学一年级开始依据分数排名的方法评价学生，一直排到高三。一把分数尺子量12年，经过12年求同教育（兴趣班被异化为加分班），哪里还有个性？哪里还有天才？哪里还有英才？除了批量的"标准件"，还有什么呢？什么都没有。12年过后的高等教育就有个性吗？也没有。有的是放养，有的是圈养，有的是放牧，有的是放纵……我常常讲：在优美的琴声中，任何分数和名校都显得苍白和逊色！在乔布斯的苹果王国里，任何分数和名校都显得苍白和逊色！在比尔·盖茨的软件王国里，任何分数和名校都显得苍白和逊色！

解决的办法也很简单：

一是让学校自主招生。无论是高中阶段教育，还是高等教育，自主招生是趋势和方向。有人会说，西方人讲诚信，所以可以如此招生，中国人如此招生可就天下大乱了。不讲诚信就不给他讲诚信的机会，这岂不正如孙中山所批驳的"因为你不识字，所以你不要读书"的强盗逻辑一样吗？我不相信，在网络资讯如此发达、媒体监督如此透明的今天，把招生权力下放给学校就天下大乱。恰恰相反，那是中国教育绝地反击和绝处逢生的机会和起点！我以为，一旦中国高等教育踏上宽进严出的轨道，且以维护招生公平的决心、意志、措施来保证高等教育的出口质量，中国高等教育的春天也就到来了。

二是建立教师流动机制。教师应当能选择适合自己的学校、适合自己的地区、适合自己的工作岗位，而不是像今天这样一岗定终身，一校一辈子。一所学校一辈子，一个学科一辈子，甚至凭几本教学参考书混一辈子，若如此能够因地制宜、因材施教，岂不是笑话！教师可以选择地域，可以选择学校，甚至可以选择学生。反之，学生也可以选择教师，学生可以选择学校，学生可以选择地域。诚如是，因材施教方有可能，方有可为。

三是打破教材垄断体制。在我访问过的国家，教育行政部门只提出大纲和课程标准，选择教材是校长的事情，甚至是教师个人的事情。在中国，很多学校或教师没有教材选择权，要让教师有风格，让学生有个性，岂不是异想天开！

（三）慎独正己的修身方法

"慎独"是儒家独创的自我修养方法。《礼记·中庸》中说："道也者，不可须臾离也，可离非道也。是故君子戒慎乎其所不睹，恐惧乎其所不闻。莫见乎隐，莫显乎微，故君子慎其独也。"曾子说得更明白："吾日三省吾身。为人谋而不忠乎？与朋友交而不信乎？传不习乎？"

"正己"是儒家倡导的重要修身方法。原生态儒学提倡正人先正己，孔子说："其身正，不令而行；其身不正，虽令不从。"又说，"上好礼，则民莫敢不敬；上好义，则民莫敢不服；上好信，则民莫敢不用情。夫如是，则四方之民襁负其子而至矣。"孟子认为："其身正而天下归之。" 荀子说："师以身为正仪。" 先秦之后，魏源认为："身无道德，虽吐辞为经，不可以信世。"精彩！精辟！

（四）积善成德的实践方法

孔子强调："力行近乎仁。" 荀子坚信："积土成山，风雨兴焉；积水成渊，蛟龙生焉；积善成德，而神明自得，圣心备焉。"荀子的"故圣人也者，人之所积也""积礼仪而为君子"等，强调实践积累成就道德。1995年我在广州外国语学院附设外语学校做教导主任，带两个班的语文课，兼两个班的班主任。对于两个班上家庭条件优越的学生来说,让他们养成热爱劳动的习惯,不是一件容易的事情,我就把自己的宿舍,纳入两个班共20间宿舍的评比,自己跟学生一样做卫生。在劳动中我第一次感受到了适度劳动的快乐、美感——因为我6岁开始插秧,11岁开始做繁重的农活,劳动在我记忆深处留下的是劳苦的印记。哪个学生宿舍卫生没有做好,我就与哪个宿舍的学生一起做卫生,与学生一起感受劳动的快乐,一起在劳动中体会劳动的美感、快感,与他们一起强化热爱劳动的品质和习惯。后来,我带的两个班的宿舍卫生一直是全校最好的,很少排过第二。这是"积善成德"的真实的记忆。

**(五)君子人格的激励范式**

自古而今,中国人常以"君子"自况,足见儒家"君子人格"理念影响之深远。"君子"是普适人格范式。孔子的人格范式中有圣人、贤人、志士、仁人、君子等,但是孔子最用力推广"君子"。孔子说:"圣人,吾不得而见之矣,得见君子者斯可矣。""圣人"高不可攀,"君子"可以炼成。《论语》中"君子"出现107次,可见其重视"君子"人格程度之高。

"君子"人格内涵丰富。孔子对"君子"人格进行了系统思考和界定,引导人们参照"君子"标准加强修养。首先,"君子"必须"仁"。孔子认为,"君子去仁,恶乎成名?君子无终食之间违仁,造次必于是,颠沛必于是""君子仁以为己任"。其次,"君子"必须有综合素养。孔子认为,君子"义以为上""君子义以为质""君子博学于文,约之以礼"。如此看来,君子必须有"义",必须知"礼",必须重"信",必须"博学"。君子"可以托六尺之孤,可以寄百里之命,临大节而不可夺也"。周公姬旦是君子，诸葛孔明是君子，文天祥亦是君子。

"君子"言行举止有规范。其一，"君子"有"三戒"："少之时，血气未定，戒之在色；及其壮也，血气方刚，戒之在斗；及其老也，血气既衰，戒之在得。"其二，"君子"有"三畏"："畏天命，畏大人，畏圣人之言。"其三，"君子"有"三患"："未之闻，患弗得闻也；既闻之，患弗得学也；既学之，患弗能行也。"其四，"君子"遵"五美"："惠而不费，劳而不怨，欲而不贪，泰而不骄，威而不猛。"其五，"君子"有"五耻"："居其位，无其言，君子耻之；有其言，无其行，君子耻之；既得之又失之，君子耻之；地有余而民不足，君子耻之；众寡均而倍焉，君子耻之。"其六，"君子"应有"九思"："视思明，听思聪，色思温，貌思恭，言思忠，事思敬，疑思问，忿思难，见得思义。"儒家经典对"君子"人格的规范性要求，产生了强烈的正能量。

"君子"人格内涵和规范都有反面的参照。孔子对"君子"和"小人"的界定非常清晰，"君子坦荡荡，小人长戚戚""君子泰而不骄，小人骄而不泰""君子和而不同，小人同而不和""君子求诸己，小人求诸人"等。这种对比生动深刻，受教者一目了然。

## （六）道之以德的道德范畴

第一，"仁"是最高准则。孔子在道德理论上最突出的贡献在于创立了以"仁"为核心的道德范畴。"仁"为最高德目，辅之以义、礼、忠、恕、孝、悌、慈、爱、勇、温、良、俭、让、恭、宽、信、敏、惠等道德条目。有道德精神，也有道德规范。"仁"不仅要求宅心仁厚，而且有"利他"行为，同时"仁"是比生命更可贵的人格（杀身成仁）。

第二,"义礼"仅次于"仁"。孔子强调:"君子义以为质,礼以行之,孙以出之,信以成之。君子哉!"君子以正义为本质,通过礼制实行它,用谦逊的语言表达它,用坚守信誉来完成它。这才是君子啊!孔子还说:"克己复礼,天下归仁焉。"强调"礼"是达到"仁"的途径。儒家认为"礼义"必须服从服务于"仁政"和"王道"。

第三,"忠恕"以"仁"为基础。曾子说:"夫子之道,忠恕而已矣。""忠"的对象是国家、国君、朋友、事业,"恕"的对象是一切人。"忠恕"当然属于"仁"的范畴。

第四,"孝悌"是"仁"之根源。孔子说:"孝弟也者,其为仁之本与!"不能孝敬父母,不能尊敬兄长,如何能"仁"?中国伦理推己及人,推家及国。"仁"从家庭做起,在家孝敬父母,出外尊敬长辈;在家尊重兄长、疼爱弟妹,出外才"四海之内皆兄弟",才"幼吾幼以及人之幼"。试想,如果在家庭和家族中都不能做到孝悌,我们敢期待孩子将来成为善待天下父母、全心全意为人民服务的公仆吗?能够期待孩子将来成为一个有凝聚力、有亲和力的企业团队的主要负责人吗?因此,儒学认为"孝悌"是"仁德"的根本。

第五,"恭宽信敏惠"是"仁"的内在要求。子张向孔子请教"仁",孔子答:"能行五者于天下为仁矣。"子张要求详细解释,孔子说:"恭、宽、信、敏、惠。恭则不侮,宽则得众,信则人任焉,敏则有功,惠则足以使人。"这5个方面,无论是恭敬礼让、淳厚宽容、诚信无欺、勤勉事事、广泛施恩等,无疑都表现出"利他"的"仁"道。

孔子把"仁"作为道德的最高准则,并把"仁"作为道德体系的核心内容,开创了中国儒家德育的独特思想体系,体现了以人为本、以民为本、以仁为本的道德价值取向。这种范畴设计，主导中国泛宗教民众道德修养，成效显著，贡献巨大。

先哲孔子曾经有"道不行，乘桴浮于海"的牢骚和冲动，但我不行，我相信同道者也不会做如是选择。我们的使命是让教育回归精神活动的本质，让教育回归有教无类，让教育回归因材施教！诚如是，则中国教育有望走向现代化和国际化，中国教育有望支撑创新时代大国的建设！

社会缺失了信仰，教育缺失了精神（人文精神、科学精神、工匠精神），这是百病之源。一场深度的教育改革势在必行，也迫在眉睫！谨以此文，为之呐喊！

柳恩铭

2012年9月初稿

2019年7月修订